全国职业教育"十三五"规划教材·铁道运输类

铁路列车调度指挥

主　编　徐友良　刘　哲

副主编　杨建功　张艳兵

主　审　鞠龙雨

北京交通大学出版社

·北京·

内 容 简 介

本书是铁道交通运营管理专业课程改革系列教材之一，根据强化职业教育的技能掌握要求、推进人才培养创新模式的需求，结合铁路行车组织特点对列车的运行、铁路调度指挥及分散自律调度集中（CTC）系统进行了较为详细的介绍。

本书共包括 3 个项目，分别为列车运行图、列车运行调度指挥和分散自律调度集中系统。其中，列车运行图包括列车运行图认知、区段通过能力计算和列车运行图编制、新图实行、铁路通过能力提升、列车运行图编制现代化等内容；列车运行调度指挥的内容包括铁路运输调度工作、车流调整、调度日（班）计划、列车调度指挥和调度工作分析等；分散自律调度集中系统包括 CTC 认知、CTC 设备及 CTC 系统功能、CTC 控制等。

本书由学校专业教师和铁路运输企业人员合作编写，突出实践操作技能，项目任务明确，实用性强，可供广大铁路职工和铁路职业技术院校师生学习参考。

图书在版编目（CIP）数据

铁路列车调度指挥 / 徐友良，刘哲主编. —北京：北京交通大学出版社，2020.7
ISBN 978-7-5121-4207-7

Ⅰ.① 铁… Ⅱ.① 徐… ② 刘… Ⅲ.① 铁路行车—调度—职业教育—教材
Ⅳ.① U284.59

中国版本图书馆 CIP 数据核字（2020）第 083617 号

铁路列车调度指挥
TIELU LIECHE DIAODU ZHIHUI

策划编辑：陈跃琴 刘建明 责任编辑：陈跃琴
出版发行：北京交通大学出版社 电话：010-51686414 http://www.bjtup.com.cn
地 址：北京市海淀区高粱桥斜街 44 号 邮编：100044
印 刷 者：北京鑫海金澳胶印有限公司
经 销：全国新华书店
开 本：185 mm×260 mm 印张：9 字数：225 千字
版 印 次：2020 年 7 月第 1 版 2020 年 7 月第 1 次印刷
印 数：1～3 000 册 定价：39.80 元

本书如有质量问题，请向北京交通大学出版社质监组反映。对您的意见和批评，我们表示欢迎和感谢。
投诉电话：010-51686043，51686008；传真：010-62225406；E-mail：press@bjtu.edu.cn。

前　言

随着综合国力的不断提高，我国铁路运输也取得了突飞猛进的发展。作为国民经济大动脉和重点民生工程的铁路运输，在我国经济社会发展中起到的作用也会越来越大。近十年来，高速铁路的飞速发展也使得人民的生活越来越方便。虽然铁路运输速度在不断地提升，但运输安全是永恒的话题。铁路调度工作的开展，就是以保障铁路运输安全为核心而展开的一系列工作，在保证铁路有序运输方面发挥重要作用。而以高密度、高速度、高技术为特点的铁路运输，也对铁路的调度指挥工作提出了严峻的挑战。

本书由全国铁道职业教育专业教学指导委员会（简称专指委）铁道运输专业委员会统一规划，根据教学指导委员会制定的铁道交通运营管理专业教学基本要求编写。根据专指委会议精神和课程改革思路，将原"铁路行车组织"课程分为"车流组织""车站能力计算""车站调车工作""列车调度指挥""车站作业计划与统计"五个模块，基于"教学做一体化"的课程开发理论对传统教学内容进行重构，突出实践技能，突出工学结合，突出职业要求。本书对应第四模块，是全国铁道职业教育教学指导委员会规划教材、高等职业教育铁道交通运营管理专业课程改革规划教材。

本书的编写特点是将现场作业过程较为完整地融入教学内容中，充分发挥高等职业教育特色，让学生所学知识与铁路现场工作内容相结合。同时，通过项目化的教学方式，以任务驱动教学，充分发挥以学生为主体的教学优势。通过不同的教学方法，强调以学生为中心，循序渐进，突出职业教育特点，在传授理论知识的同时，培养学生的动手能力及团队合作能力，不断提升学生的专业技能水平，使其在实训过程中不断加深对理论知识的理解。

本书根据铁路运输的技术设备及行车组织的主要特点，阐述了列车运行图、列车运行调度指挥和分散自律调度集中（CTC）系统等。本书的主要内容包括：列车运行图认知、区段通过能力计算、列车运行图编制、铁路运输调度工作、车流调整、调度日（班）计划、列车调度指挥、调度工作分析、CTC认知、CTC设备及CTC系统功能、CTC控制等。

本书集运输组织指挥、管理和现场操作于一体，采用项目化教学方式，使学生在学习知识时目标性更强，同时通过项目中的实践环节，提高学生的职业技能，让学生不仅学会理论知识，而且能够掌握专业技能。在学习过程中，设置与铁路运输现场相同的工作环境，布置相关的调度指挥任务，让学生根据列车调度员和车站调度员的角色完成实际任务，边听边学，边学边做，融教、学、做为一体，充分发挥学生的主观能动性，培养其职业能力和职业意识。

本书由湖南高速铁路职业技术学院徐友良和包头铁道职业技术学院刘哲担任主编，包头铁道职业技术学院杨建功和张艳兵担任副主编，中国铁路沈阳局集团有限公司鞠龙雨担任主审。参加编写的工作人员有：湖南高速铁路职业技术学院徐友良（任务3.1）、包头铁道职业技术学院刘哲（项目1）、包头铁道职业技术学院杨建功（项目2）、包头铁道职业技术学院张艳兵（任务3.2）、中铁上海设计院集团有限公司楼哲（任务3.3）。

在编写过程中，中国铁路沈阳局集团有限公司沈阳车务段鞠龙雨和中铁上海设计院集团有限公司楼哲给予了我们热情的帮助，在此深表感谢。

在本书的编写过程中，参考了大量的书籍、期刊和资料，在此向有关作者致以诚挚的谢意。由于编者的学术水平及经验有限，本书内容疏漏之处在所难免，欢迎使用本书的广大读者对本书提出改正建议，以便编者对本书内容不断改进和完善。

编者

2020年3月

目 录

项目 1　列车运行图

【项目描述】

　　列车运行图不仅是铁路运输企业实现列车安全、正点运行和经济有效地组织铁路运输工作的列车运行生产计划，而且它又是铁路运输企业向社会提供运输供应能力的一种有效形式。通过本项目学习，能够深入理解列车运行图基本要素，掌握区间通过能力的计算方法，并且掌握列车运行图的编制方法及执行过程。

【教学目标】

1. 知识目标

① 掌握列车运行图概念、作用、格式、分类。
② 理解列车运行图基本要素。
③ 掌握区间通过能力的计算方法。
④ 掌握列车运行图的编制方法及执行过程。

2. 能力目标

① 能看懂列车运行图。
② 能够编制列车运行图和执行列车运行图。

任务 1.1　列车运行图认知

1.1.1　拟完成的任务

列车运行图作为铁路行车组织的基础，是铁路运输企业实现列车安全、正点运行和经济有效地组织铁路运输工作的列车运行生产计划。

本任务理论学习完成后，将学生分为若干组。通过查阅资料，了解城市轨道交通列车运行图的基本概念，通过讨论对比了解铁路列车运行图和城市轨道交通列车运行图的异同。

1.1.2　任务目的

① 明确列车运行图的定义。
② 了解列车运行图的意义。
③ 熟练掌握列车运行图的分类及用途。
④ 掌握列车运行图各个要素的含义。

1.1.3　所需设备

各类列车运行图及相关学习视频。

1.1.4　相关配套知识

知识点1　列车运行图含义及其作用

在组织旅客和货物运输的生产过程中，列车运行是一个很复杂的环节，它要用到多种铁路技术设备，要求各个部门、各工种、各项作业之间互相协调配合，才能保证行车安全和提高运输效率。

1. 列车运行图的作用

列车运行图是列车运行的图解，是用以表示列车在铁路区间的运行及在车站的到发或通过时刻的技术文件，是全路组织列车运行的基础，它规定各次列车占用区间的顺序，列车在区间的运行时分，列车在各个车站的到达、出发（通过）时刻，列车的会让、越行、列车的重量和长度标准、机车交路等。

由于列车运行图规定了列车的运行，事实上就规定了与列车运行有关各部门的工作。例如，车站根据列车运行图所规定的列车到达和出发时刻，安排车站的行车工作、调车工作和全站的运输工作计划；机务部门根据运行图的需要，确定每天需要派出的机车台数、派出的时刻，以及安排机车的整备和乘务员的作息计划；工务、电务等部门应按列车运行图的要求组织施工及维修工作等。另外，列车运行图又是铁路运输企业向社会提供运输服务的一种有效形式，从这个意义上讲，供社会使用的铁路旅客列车时刻表及"五定"货运班列运行计划，实际上就是铁路运输服务能力目录。因此，列车运行图既是行车组织工作的基础，又是联系各部门工作的纽带，也是铁路运营管理工作的综合性计划。

铁路通过能力与列车正点运行及列车运行的流水性密切相关。列车运行生产计划即列车运行图的实现有赖于铁路区段通过能力的保证，特别是当列车运行过程发生波动，即发生偏离于计划的情况时，只有在充分保证通过能力的条件下，才能确保运输生产按计划准时进行，列车才有可能重新恢复正点运行。

2. 列车运行图的格式

列车运行图是运用坐标原理表示列车运行时间、空间关系的一种图解形式。以垂直线等分横轴表示时间，按每一等份表示的时间不同，运行图分为二分格运行图、十分格运行图和小时格运行图；将纵轴按一定比例用横线加以划分，每一横线表示一个车站的中心线，大站或有技术作业的中间站用粗线表示，小站用细线表示；列车运行线，由于列车速度不断变化，本应是一条不规则的曲线，为简化起见而将其画为斜直线。

以上这种用横、竖、斜三种线分别代表车站、时间和列车运行的图表，就构成了列车运行图的基本框架。在一张既有旅客列车又有货物列车，既有快车又有慢车的运行图上，为了区分不同种类的列车，规定不同列车用不同符号和不同颜色表示。

为了适应使用上的需要，运行图在使用上分为三种格式，具体如下。

1）二分格运行图

二分格运行图如图 1-1 所示，主要在编制新运行图时作草图使用。二分格运行图是我国经典的编制列车运行图的工具，在这种运行图上，小时格和十分格都用粗线表示，二分格用细线表示。其时分标记，不需要填写时分数字，而是以规定的符号表示。

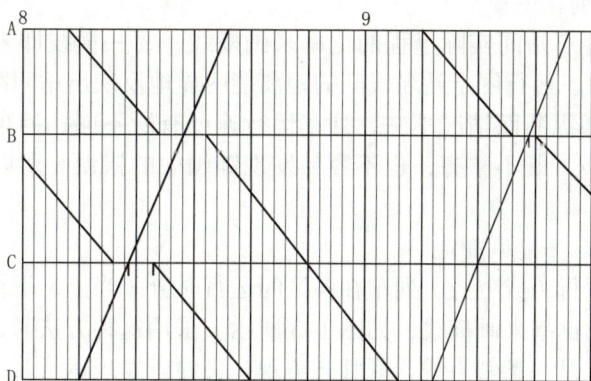

图 1-1　二分格运行图

2）十分格运行图

十分格运行图主要用于调度员绘制实际运行图。在这种运行图上，它的横轴以 10 min 为单位，用细竖线加以划分，半小时格用点线，小时格用粗线。列车到发时刻只填写 10 min 以下的数字。

3）小时格运行图

小时格运行图如图 1-2 所示，主要在编制旅客列车方案图和机车周转图时使用。在小时格运行图上，列车到发时刻需将 60 min 以下数字全写出来。

随着列车运行速度的提高，列车运行图有关时分标准的精度也应相应提高，提速区段 200 km/h 动车组、直达特快旅客列车、特快旅客列车区间通过时分标准应做到以秒为单位，运行图和行车时刻表均精确到秒。

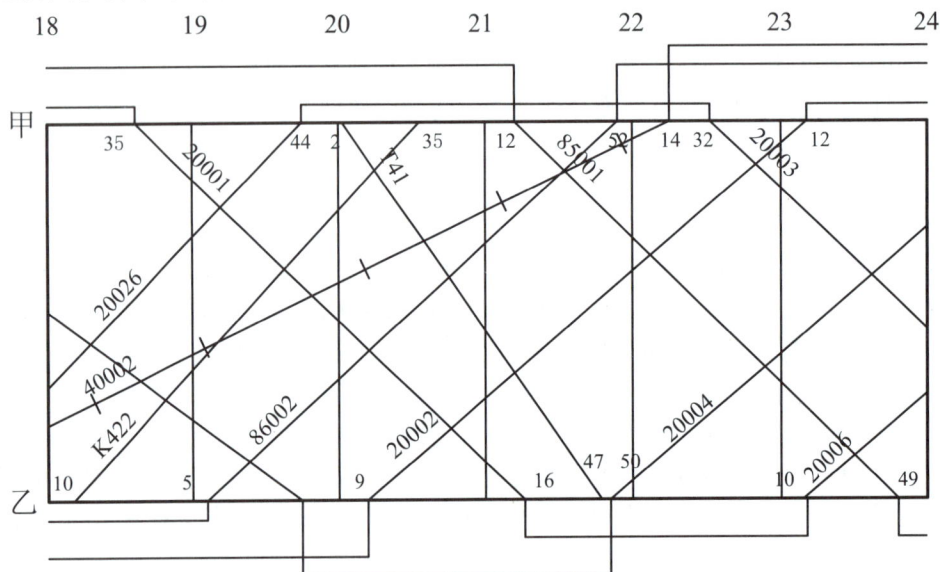

图 1-2　小时格运行图

3. 站名线的确定

站名线即列车运行图中表示车站中心线的横线，其确定方法有以下两种。

1）按区间里程的比率确定

按整个区段内各车站间实际里程的比率来画横线，每一横线即表示一个车站的中心线。采用这种方法时，运行图上站名线间的距离能明显地反映出站间距离的大小。但由于各区间线路的平面和纵断面情况不一，列车运行速度有所不同，列车在整个区段上的运行线往往是条斜直线，既不整齐，也不容易发现铺画中的错误。所以，一般不采用这种方法。

2）按区间运行时分比率确定

按整个区段内下行（或上行）列车在各区间运行时分（当上、下行运行时分差别较大时，可加以调整）的比率来画横线，如图 1-3 所示。采用这种方法时，可以使列车在整个区段的运行线基本上是一条斜直线，既整齐美观，又便于发现运行时分上的问题，所以多采用此法。例如，图 1-3 中，甲—乙区段下行方向货物列车运行时分共计 100 min。作图时，首先确定技术站甲、乙的位置，然后在代表乙站的横线上向右截取相当于 100 min 的线段，得 F 点。连接甲、F 两点，得一斜直线。最后，按照下行货物列车在各区间的运行时分标出各车站在斜线上的位置，通过这些位置，即可画出代表 A、B、C、D 车站的站线。

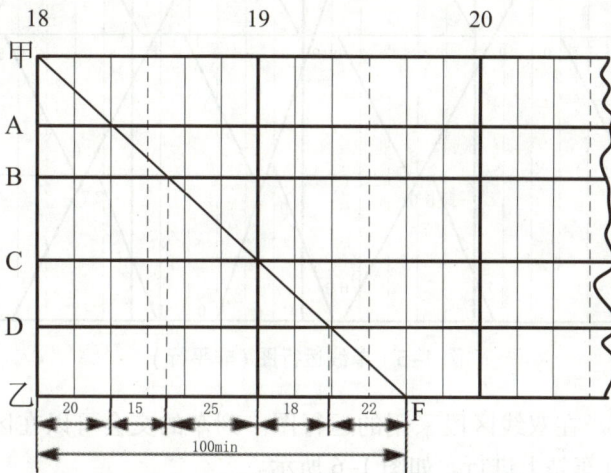

图 1-3　按区间运行时分比率画站名线例图

4. 列车运行图分类

根据铁路线路的技术设备（如单线、双线）、列车运行速度、上下行方向的列车数目、列车运行方式等条件，可以将列车运行图分为多种不同的类型。

1）按区间正线数目分类

按区间正线数目不同，列车运行图可分为单线运行图、双线运行图和单双线运行图。

① 单线运行图。在单线区段采用的运行图，列车的交会、越行只能在车站进行，如图 1-4 和图 1-5 所示。

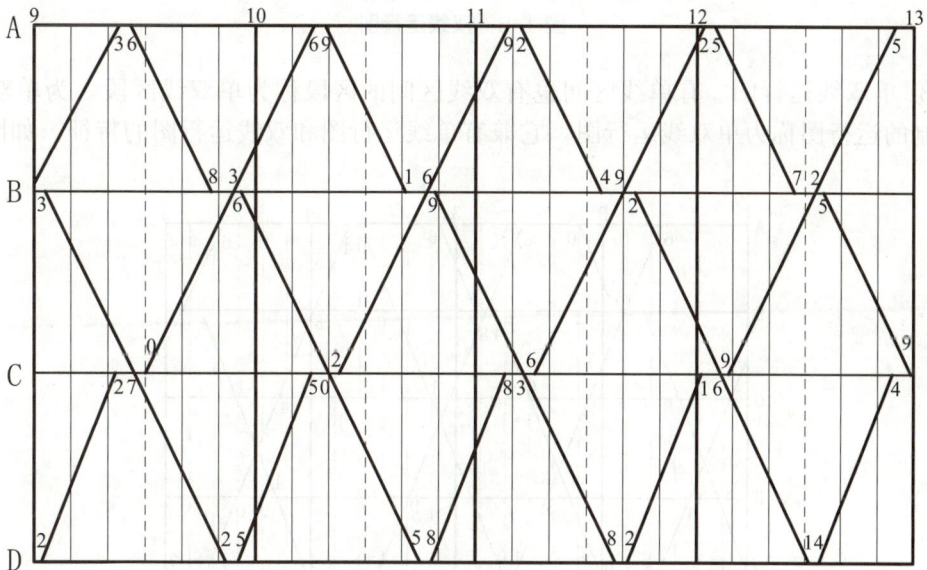

图 1-4　单线运行图（平行）

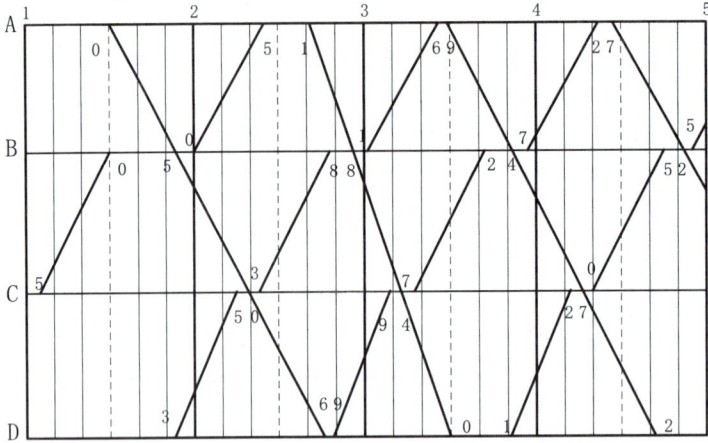

图1-5　单线运行图（非平行）

② 双线运行图。在双线区段采用的运行图。列车的交会可以在区间或车站上进行，但列车的越行必须在车站上进行。如图1-6所示。

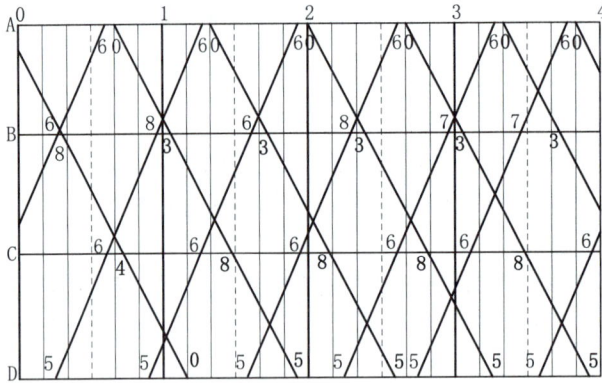

图1-6　双线运行图

③ 单双线运行图。有单线区间也有双线区间的区段称为单双线区段。为单双线区段编制的运行图称为单双线运行图。它兼有单线运行图和双线运行图的特征，如图1-7所示。

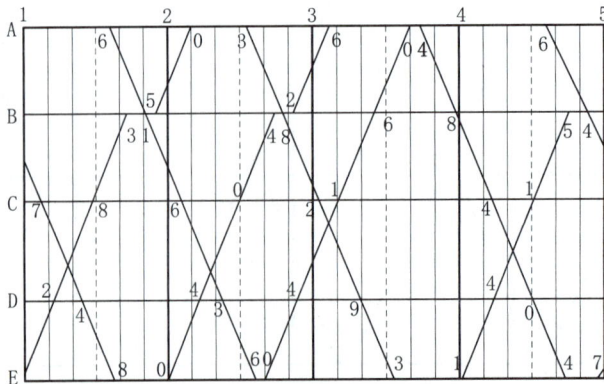

图1-7　单双线运行图

2）按列车运行速度分类

按列车运行速度不同，列车运行图可分为平行运行图和非平行运行图。

① 平行运行图。在列车运行图上同一区间内，同方向列车的运行速度相同，因而列车运行线相互平行，且区段内无列车越行，如图 1-4 和图 1-6 所示。

② 非平行运行图。在列车运行图上铺有各种不同速度和不同种类的列车，因而部分列车运行线互不平行，在区段内可能产生列车越行，如图 1-5 所示。因为这是实际工作中主要采用的一种列车运行图，所以也叫普通列车运行图。

3）按上、下行方向列车数目分类

按上、下行方向列车的数目不同，列车运行图可分为成对运行图和不成对运行图。

① 成对运行图。同一区段内，上、下行方向列车数目是相等的。

② 不成对运行图。同一区段内，上、下行方向的列车数目是不相等的。

我国铁路大多数区段的上、下行列车数目是相等的，所以一般多采用成对运行图。只有在上、下行方向运量不等的个别区段，行车量较大方向的能力不足时，才采用不成对运行图。

4）按同方向列车运行方式分类

按同方向列车运行方式，列车运行图可分为追踪运行图和非追踪运行图。

① 追踪运行图。在自动闭塞区段上，同方向的列车以闭塞分区为间隔运行，在这种运行图上，一个站间区间内允许同时有几个列车按追踪方式运行。双线追踪非平行运行图如图 1-8 所示。

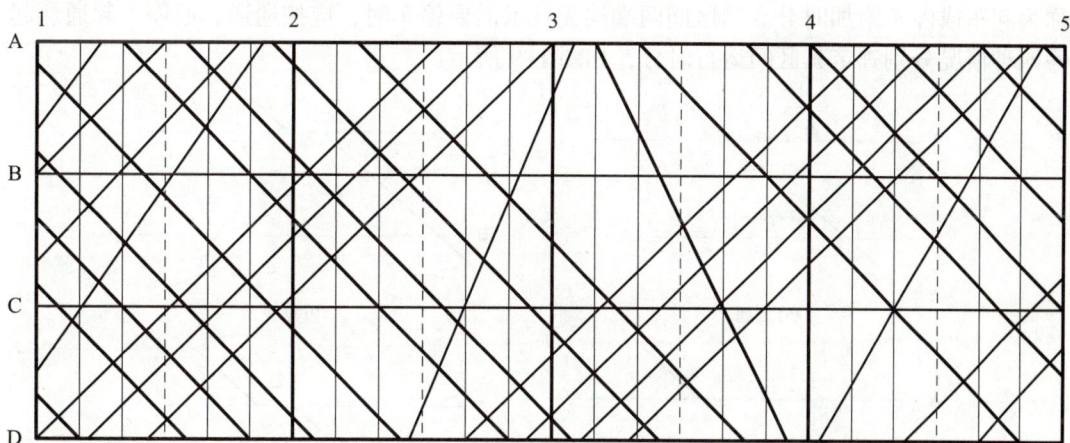

图 1-8 双线追踪非平行运行图

② 非追踪运行图。这种运行图的特点是同方向列车以站间区间或所间区间为间隔运行，即在非自动闭塞区段采用的运行图。图 1-6 为双线非追踪平行运行图。图 1-4、图 1-5 为单线非追踪运行图。

以上所举例的分类方法，都是根据运行图的某一特点加以区别的。而每一区段列车运行图都具有各方面的特点，例如甲—乙区段运行图（见图 1-2），它既是单线的、成对的，又是非平行和非追踪的。

知识点 2　列车运行图基本要素

列车运行图虽然分为各种不同的类型，但它们都是由一些基本要素组成的。在每次编制列车运行图之前，必须首先确定组成运行图的各项要素。列车运行图要素包括：列车区间运行时分；列车在中间站的停站时间；列车在车站的间隔时间；追踪列车间隔时间；列车在机务本段（简称基本段）和折返段所在站的停留时间标准；列车在技术站的技术作业时间标准。

1. 列车区间运行时分

列车区间运行时分，是指列车在两个相邻车站或线路所之间的运行时间标准。它由机务部门用牵引计算和实际试验相结合的办法确定。

区间运行时分的计算距离以车站中心线或线路所通过信号机之间的距离计算。有的车站当到发场中心线与车站中心线不一致时，则按到发场中心线计算。

区间运行时分应按以下几种情况分别查定：

① 旅客列车和货物列车要分别查定；

② 上行方向和下行方向要分别查定，因为线路的平面和纵断面情况不同，上、下行列车的重量标准也可能不同，所以应分别查定；

③ 列车在区间两端站停车与不停车分别查定。列车在区间两端站均通过时的区间运行时分称为纯运行时分；由于列车起动或停车而使区间运行时分比纯运行时分延长的时分称为起车或停车附加时分。当区间两端均无技术需要停车时，应按通通、通停、起通、起停四种情况分别查定其区间运行时分，如图 1-9 所示。

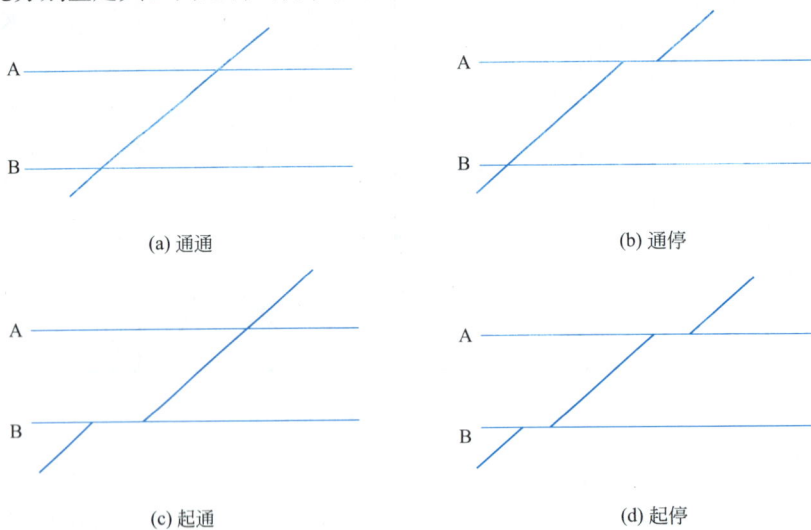

图 1-9　A—B 区间列车运行时分示意图

设 A—B 区间的 $t_{纯}^{上}=14\text{ min}$、$t_{纯}^{下}=15\text{ min}$、$t_{起}^{A}=t_{起}^{B}=3\text{ min}$、$t_{停}^{A}=t_{停}^{B}=1\text{ min}$，对应的 A—B 区间运行时分见表 1-1，其缩写见表 1-2。

表 1-1　A—B 区间运行时分　　　　　（单位：min）

站名	上行				下行			
	通通	通停	起通	起停	通通	通停	起通	起停
A B	14	15	17	18	15	16	18	19

表 1-2　A—B 区间运行时分缩写

站名	上行	下行
A	1	3
	14	15
B	3	1

2. 列车在中间站的停站时间

列车在中间站的停站时间，是指列车在中间站办理列车技术作业、客货运作业及列车会让等所需要的最小停留时间标准。

列车在中间站的停站时间由下列原因产生。

① 必要的技术作业。主要是指在中间站上进行的车辆技术检查、试风、摘挂机车等；

② 客货运作业。主要是指旅客乘降、行包及邮件装卸、车辆摘挂、货物装卸等；

③ 列车在中间站的会车和越行。

摘挂机车作业在采用补机地段的起点站和终点站上进行。列车在中间站的技术检查和试风，一般在长大下坡道之前的车站上进行。

客货运作业停站时间，应根据各种列车的不同分别规定。对旅客列车规定旅客乘降、行包和邮件装卸所需要的停站时间；对摘挂列车规定摘挂车辆、取送车及不摘车装卸作业所需要的停站时间。

列车在中间站的各项停留时间标准，由每个车站用分析计算和实际查标相结合的办法分别确定。列车在中间站的各项作业，应尽可能平行进行。在满足需要的情况下应最大限度地压缩列车在中间站的停站时间，以提高列车旅行速度。

3. 列车在车站的间隔时间（$\tau_{站}$）

列车在车站的间隔时间（简称车站间隔时间）是指车站办理两个列车的到达、出发或通过作业所需要的最小间隔时间。在查定车站间隔时间时，应遵守有关规章的规定及车站技术作业时间标准，保证行车安全，且最好地利用区间通过能力。

常用的车站间隔时间包括相对方向列车不同时到达间隔时间、会车间隔时间、连发间隔时间、同方向列车不同时发到及不同时到发间隔时间等几种。车站间隔时间的大小，与车站邻接区间的行车闭塞方法、信号和道岔的操纵方法、车站类型、接近车站的线路平面和纵断面情况、机车类型、列车重量等因素有关。

在编制列车运行图之前，每个车站都要根据本站的具体条件，查定各种车站间隔时间。

1）相对方向列车不同时到达间隔时间（$\tau_{不}$）

相对方向列车不同时到达间隔时间是指在单线区段相对方向列车在车站交会时，自某一方向列车到达车站时起，至对向列车到达或通过该站时止的最小间隔时间，如图 1-10（a）所示。

为了提高货物列车旅行速度，在列车交会时，除上下行列车在同一车站都有作业需要停车外，原则上使交会的两列车中一列通过车站。因此在列车运行图上较常用一列停车、一列通过的不同时到达间隔时间，如图 1-10（b）所示。

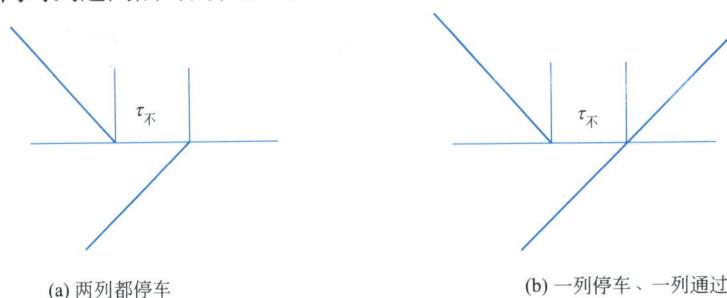

(a) 两列都停车　　　　　(b) 一列停车、一列通过

图 1-10　不同时到达间隔时间

为了保证行车安全，在进站信号机外制动距离内进站方向为超过《技规》规定的下坡道，而接车线末端又无隔开设备的车站，禁止办理相对方向同时接车。凡不能办理相对方向同时接车的车站，由相对方向到达车站的两列车也必须保持必要的不同时到达间隔时间。

不同时到达间隔时间由两部分组成：

① 办理有关作业的时间 $t_{作业}^{不}$。确认先到列车整列到达并于警冲标内方停妥后，为后到列车办理闭塞（后到列车通过时），准备进路、开放信号机及发车等作业所需时间。

② 对向列车通过进站距离的时间 $t_{进}$。当为后到列车开放进站信号时，后到列车的头部应处于进站信号机外，位于一个制动距离（$l_{制}$）及司机确认信号显示状态的时间内列车所运行的距离 $l_{确}$ 之和的位置，$t_{进}$ 为列车通过进站距离 $L_{进}$ 的运行时间，如图 1-11 所示。

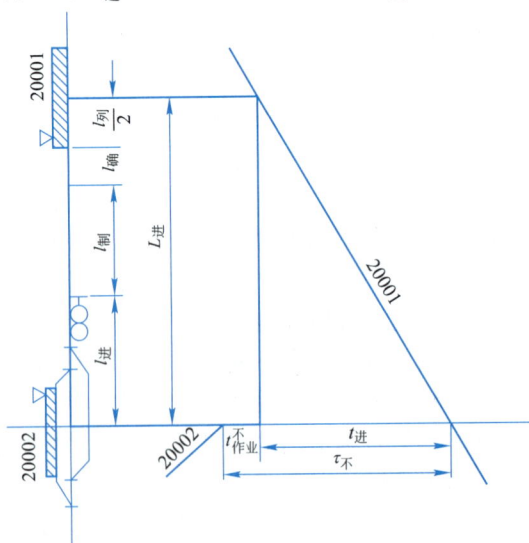

图 1-11　进站信号机开放时列车位置示意图

因此，不同时到达间隔时间可用下式计算：

$$\tau_{不}=t_{作业}^{不}+t_{进}=t_{作业}^{不}+0.06\frac{L_{进}}{v_{进}}$$

$$=t_{作业}^{不}+0.06\frac{l_{进}+l_{制}+l_{确}+0.5l_{列}}{v_{进}}$$

式中：$l_{列}$——列车长度，m；

　　　$l_{确}$——司机确认进站信号显示状态时间内列车运行的距离，m；

　　　$l_{制}$——列车制动距离（或由预告信号机至进站信号机的距离），m；

　　　$l_{进}$——进站信号机至车站中心线的距离，m；

　　　$v_{进}$——列车平均进站速度，km/h。

由于车站两端进站信号机外方进站距离内的线路情况和运行速度不一定相同，因此，$t_{进}$应视具体情况分别查定。

2）会车间隔时间（$\tau_{会}$）

会车间隔时间是指在单线区段的车站上，两列车交会时，自某一方向列车到达或通过车站之时起，至该站向这一区间发出另一对向列车之时止的最小间隔时间，单线区段各站均应查定。会车间隔时间如图 1–12 所示。

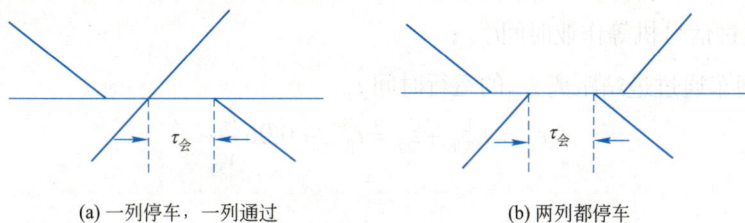

(a) 一列停车，一列通过　　　　　　(b) 两列都停车

图 1–12　会车间隔时间

会车间隔时间全是车站办理各项作业所需要的时间，主要作业包括确认先到列车的到达或通过的时间、与来车方向的邻站办理闭塞的时间、准备发车进路及开放出站信号机的时间、发车作业时间等，其计算公式为：

$$\tau_{会}=t_{作业}$$

3）连发间隔时间（$\tau_{连}$）

连发间隔时间是指自前行列车到达或通过邻接的前方车站之时起，至本站向该区间发出另一同方向列车之时止的最小间隔时间。

根据列车在区间的前后两站停车或通过的不同情况，连发间隔时间可有四种类型，如图 1–13 所示。

（1）两列车在前后两站都通过，如图 1–13（a）所示。

（2）前行列车在前方站停车，后行列车在后方站通过，如图 1–13（b）所示。

（3）前行列车在前方站通过，后行列车在后方站起车，如图 1–13（c）所示。

（4）前行列车在前方站停车，后行列车在后方站起车，如图 1–13（d）所示。

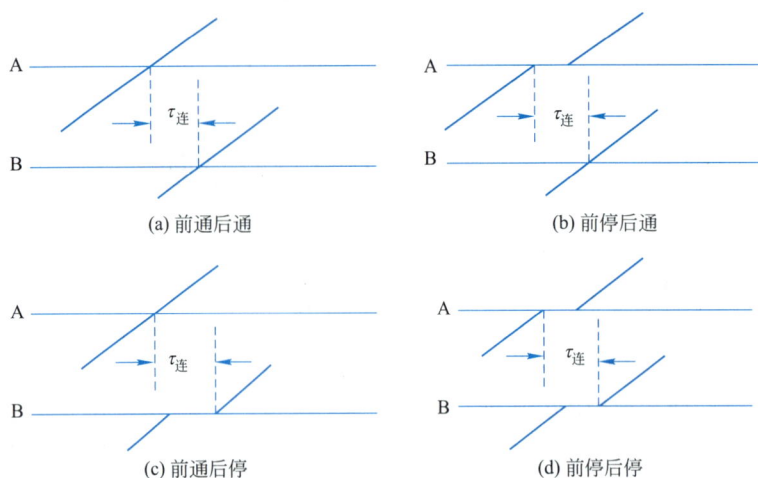

图 1-13　连发间隔时间

上述四种类型，可归纳为两种情况，图 1-13（a）、（b）为第一种情况，其连发间隔时间示意图如图 1-14 所示。其时间因素包括：

① 前方站确认前行列车到达或通过，两站间为后行列车办理闭塞手续，后方站为后行列车开放通过信号机等作业时间 $t_{作业}^{连}$；

② 后行列车通过进站距离 $L_{进}$ 的运行时间 $t_{进}$。

$$\tau_{连} = t_{作业}^{连} + t_{进} = t_{作业}^{连} + 0.06\frac{L_{进}}{v_{进}}$$

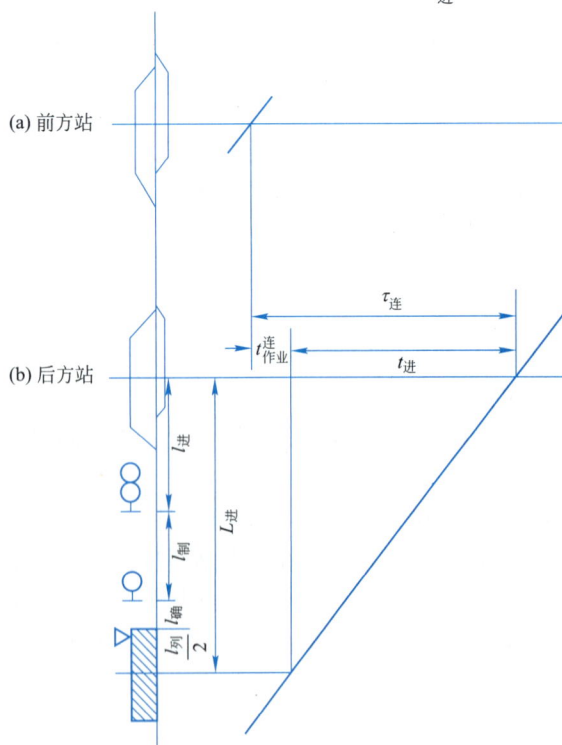

图 1-14　两列车在前、后站均通过的连发间隔时间示意图

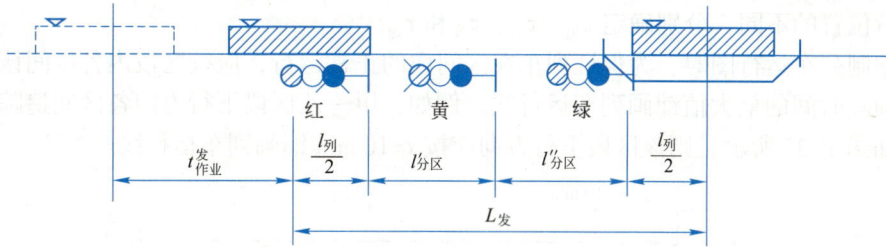

图 1-23　追踪列车出发间隔距离示意图

追踪列车出发间隔时间为：

$$\tau_{发} = t_{作业}^{发} + 0.06 \times \frac{l_{列} + l_{分区}' + l_{分区}''}{v_{发}}$$

式中：$t_{作业}^{发}$——车站开放出站信号机、发车作业及司机确认信号显示状态等项作业时间，min；

$\quad v_{发}$——前行列车通过 $L_{发}$ 的平均运行速度，km/h。

准许列车凭出站信号机的黄色灯光发车时，追踪列车出发间隔时间为：

$$\tau_{发}^{黄} = t_{作业}^{发} + 0.06 \times \frac{l_{列} + l_{分区}'}{v_{发}}$$

（3）追踪列车通过车站间隔时间（$\tau_{通}$）

在自动闭塞区段的车站上，自前行列车通过车站时起，至同方向次一列车再通过该站时止的最小间隔时间，称为追踪列车通过车站间隔时间。在确定该项时间时，前后列车的间隔距离应按列车在区间追踪运行的要求办理，即包括车站闭塞分区在内的三个分区的长度。由于列车尾部虽越过出站信号机而未出清最外方道岔时进站信号机仍不能开放。因此，两列车的间隔距离还应加上出站信号机至最外方道岔间的一段长度（$l_{岔}$），如图 1-24 所示。

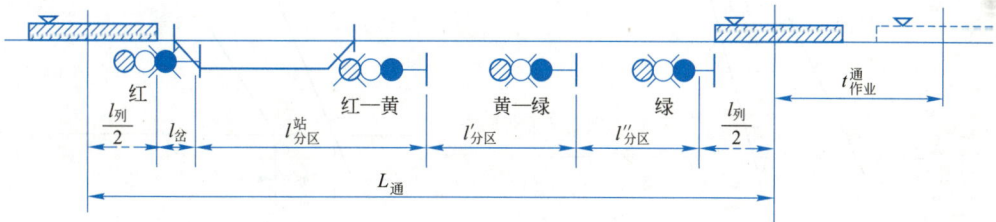

图 1-24　追踪列车通过车站间隔距离示意图

列车追踪通过车站间隔时间为：

$$\tau_{通} = t_{作业}^{通} + 0.06 \times \frac{l_{分区}^{站} + l_{分区}' + l_{分区}'' + l_{列} + l_{岔}}{v_{通}}$$

式中：$t_{作业}^{通}$——车站为后行列车开放进站信号机的作业时间，min；

$\quad l_{分区}^{站}$——车站闭塞分区的长度，即进站信号机至出站信号机间的距离，m；

$\quad v_{通}$——列车通过 $L_{通}$ 的平均运行速度，km/h。

按以上办法分区间计算出 $\tau_{追}$ 和相邻车站的 $\tau_{到}$、$\tau_{发}$ 和 $\tau_{通}$ 后，取其最大值即为该区间的追踪列车间隔时间 τ。在开行组合列车或重载列车的区段，也应根据组合列车与普通货物列车前后位置的不同，分别确定 $\tau_{追}$、$\tau_{到}$、$\tau_{发}$ 和 $\tau_{通}$。

在编制列车运行图时，为保证列车在区间内的正常运行，应按区段内各区间该方向追踪列车间隔时间的最大值铺画列车运行线。例如，甲—乙区段下行方向各区间追踪列车间隔时间如图 1-25 所示，则该区段下行方向应按 $\tau=10\ \text{min}$ 铺画列车运行线。

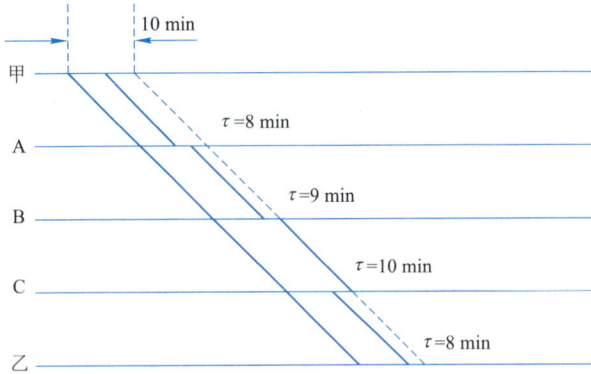

图 1-25　甲—乙区段列车追踪间隔时间

在单线和双线自动闭塞区段，均应按上、下行方向分别查定追踪列车间隔时间，作为编制列车运行图、计算区间通过能力和列车调度员掌握列车运行的依据。

在实际工作中，列车调度员和车站值班员应根据前后列车的运行情况灵活掌握追踪列车间隔时间的使用。例如，由于旅客列车和货物列车的运行速度不同，在确定货物列车和旅客列车之间的追踪间隔时间时，应按到站条件计算，如图 1-26（a）所示；而确定旅客列车和货物列车追踪时间时，则应按从车站出发的条件计算，如图 1-26（b）所示。

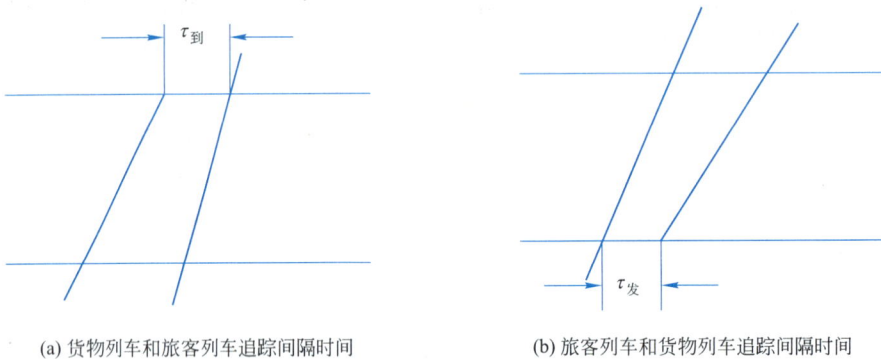

(a) 货物列车和旅客列车追踪间隔时间　　　　(b) 旅客列车和货物列车追踪间隔时间

图 1-26　旅客列车和货物列车追踪间隔时间

在自动闭塞区段，追踪列车间隔时间的长短，决定了列车密度和运能的大小。从追踪列车间隔时间的计算公式可知，追踪列车间隔时间与连续三个分区的长度和列车长度之和成正比，与列车运行速度成反比。为缩小追踪列车间隔时间，应在保证安全的基础上，缩短闭塞分区的长度，提高列车的运行速度。

3）四显示自动闭塞区段追踪列车间隔时间（$\tau_{追}$）

随着列车的速度和重量差异加大，为在安全的基础上，适应各种列车运行的要求，缩短追踪列车间隔时间，提高通过能力，我国铁路在繁忙干线采用了四显示自动闭塞。

（1）四显示自动闭塞的概念

一般称通过色灯信号机能显示诸如红（H），黄（U），绿黄（LU）和绿（L）四种灯光信号的自动闭塞为四显示自动闭塞。在四显示自动闭塞区段，通过信号机为三灯四显示，其信号显示方式如图 1-27 所示。列车之后的第一个分区为保护区段，故其后的通过信号机仍显示红色灯光。在黄灯和绿灯信号机之间，增加了一个绿黄灯信号。

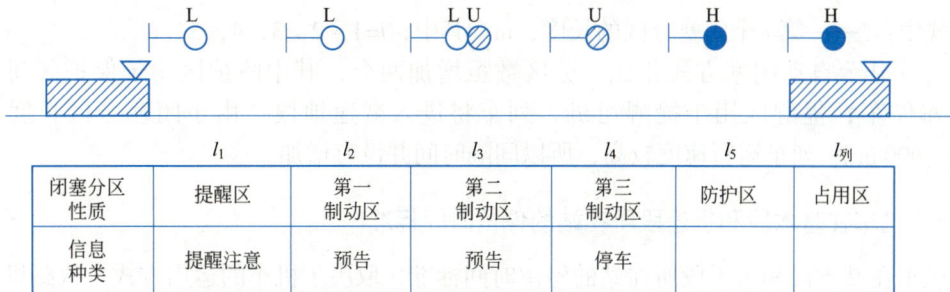

闭塞分区性质	l_1 提醒区	l_2 第一制动区	l_3 第二制动区	l_4 第三制动区	l_5 防护区	$l_列$ 占用区
信息种类	提醒注意	预告	预告	停车		

图 1-27 四显示自动闭塞信号显示方式

信号机灯光显示的意义如下：

① 一个绿色灯光——准许列车按规定速度运行，表示前方有四个闭塞分区空闲；

② 一个绿色灯光和一个黄色灯光——要求司机注意运行，表示前方至少有三个闭塞分区空闲；

③ 一个黄色灯光——要求司机采取制动措施，降速运行，表示前方至少有一个闭塞分区空闲，列车通过黄色灯光信号的最大允许速度按机车信号的数字显示的数字而定；

④ 两个黄色灯光——要求列车通过信号机时，将列车运行速度降至 45 km/h 及其以下，表示将通过侧向道岔。

（2）四显示自动闭塞的特点

在四显示自动闭塞区段，信号的显示同时具有速度控制的含义：即在机车上装有机车信号、速度显示和速度监督设备，机车根据信号显示的信息，以相应的速度运行，当速度超过规定速度时，速度监督设备将迫使列车紧急制动。所以，四显示信号是具有预告功能的速差式信号。我国一直采用的是三显示自动闭塞，各种信号显示没有具体速度要求，对超速没有速度监督作用，是无明显速度级差的信号。四显示与三显示自动闭塞运用功能比较如表 1-3 所示。

表 1-3 四显示与三显示自动闭塞运用功能比较表

比较项目	四显示	三显示
地面信号显示	四显示（L、LU、U、H）	三显示（L、U、H）
机车信号系统	自动停车装置，侧线运行有机车信号指示	自动停车装置，侧线运行无机车信号指示
制动距离分区数	2 个闭塞分区	1 个闭塞分区
列车追踪间隔	5 个闭塞分区	3 个闭塞分区
列车运行方向	每线双方向	每线单方向
列车运行凭证	以机车信号为主	以地面信号为主
闭塞分区长度	700～900 m	1 600～2 600 m

（3）四显示自动闭塞区段追踪列车间隔时间的计算

在四显示自动闭塞区段，追踪列车间隔时间按相邻 5 个闭塞分区长度计算，其公式如下：

$$\tau_{追} = 0.06 \times \frac{l_1 + l_2 + l_3 + l_4 + l_5 + l_{列}}{v_{通}}$$

式中：l_i——第 i 个闭塞分区的长度，m。其中，i=1，2，3，4，5。

与三显示自动闭塞方式相比，分区数虽增加两个，其中防护区用于保护区间，要求列车停车；提醒区用于提醒司机，列车将进入减速地段。由于闭塞分区长度较短（700～900 m），列车运行速度较高，所以间隔时间并没有增加。

5. 机车在基本段和折返段所在站的停留时间标准

机车在基本段和折返段所在站的停留时间标准，取决于机车的运用方式。铁路机车的运用方式有如下几种。

1）肩回运转交路

机车担当与基本段相邻两个区段的列车牵引任务。除了需要进折返段整备外，机车每次返回基本段所在站时，都需要入段作业，如图 1-28 所示。

2）半循环运转交路

机车担当与基本段相邻两个区段的列车牵引任务。除了需要进折返段整备外，机车第一次返回基本段所在站时不入段，继续牵引列车向前方区段运行，到第二次返回基本段所在站时，才入段进行整备作业，如图 1-29 所示。

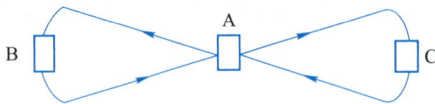

A—基本段；B，C—折返段

图 1-28　肩回运转交路图

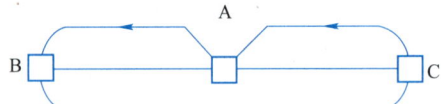

A—基本段；B，C—折返段

图 1-29　半循环运转交路图

3）循环运转交路

机车担当与基本段相邻两个区段的列车牵引任务。除了需要进折返段整备及因中间技术检查需要入基本段外，其余每次返回基本段所在站时，都在车站进行整备作业，不需要入段，如图 1-30 所示。

4）环形运转交路

机车在一个区段或枢纽内担当两个及两个以上往返的列车牵引任务之后，才入段进行整备作业，机车不需要转向，如图 1-31 所示。这种交路适用于担当市郊列车和小运转列车的牵引任务。

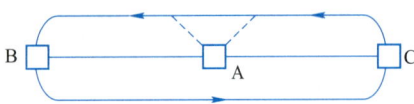

A—基本段；B，C—折返段

图 1-30　循环运转交路图

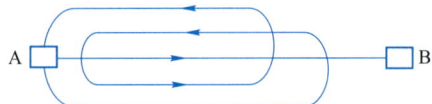

A—基本段；B—折返段

图 1-31　环形运转交路图

　　机车在基本段或折返段所在站办理必要作业需要的最小时间，称为机车在机务本段和折返段所在站的停留时间标准。

　　机车折返停留时间（$\tau_{折}$）由以下几项组成：

　　① 机车在到达线上的作业时间，包括到达试风、摘机车、准备机车入段进路等时间（$t_{到}^{机}$）；

　　② 机车入段走行时间（$t_{入}^{机}$）；

　　③ 机车在段内整备作业时间（$t_{整备}$），包括技术作业及乘务员换班时间；

　　④ 机车出段走行时间（$t_{出}^{机}$）；

　　⑤ 机车在发车线上的作业时间（$t_{发}^{机}$），包括挂机车、出发试风等时间。

　　上述各项作业时间，可根据计算和查标相结合的方法确定。综合以上各项作业时间，即得机车在折返段所在站的停留时间标准。

　　图 1-32 表示 10001 次列车机车自到达折返段所在站时起至牵引 10004 次到车出发时止在该站的全部作业及停留时间。

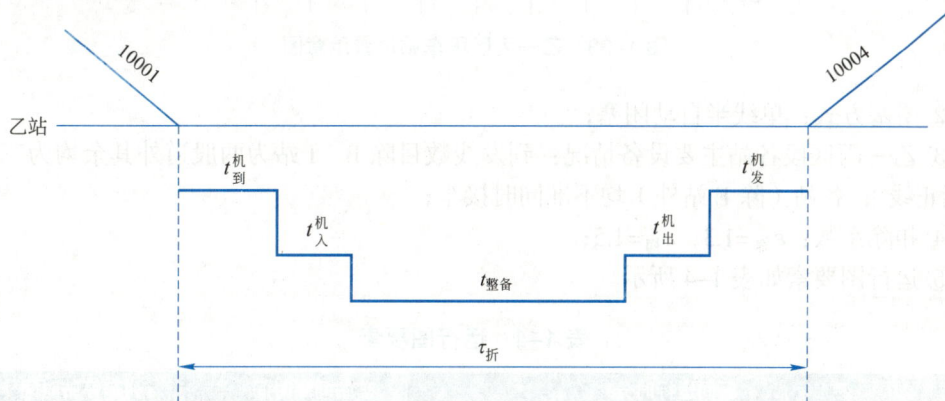

图 1-32　列车折返段所在站停留时间

　　在编制列车运行图之前，机务部门必须对每一牵引区段的机车分别查定其各项作业时间标准及机车在基本段和折返段所在站的时间标准。

6. 列车在技术站的技术作业时间标准

　　为了保证车站与区段工作的协调和均衡，编制列车运行图时，还须与车站技术作业过程相配合。因此，还须查定技术站和客货运站技术作业过程的主要作业时间标准。这些时间标准包括：在到发场办理各种列车作业的时间标准，在牵出线或驼峰编组和解体列车的时间标准，旅客列车车底在配属段、折返段所在站的停留时间标准，货物站办理整列或分批装卸作业时间标准等。上述时间标准，可在《站细》中规定。

任务 1.2　区段通过能力计算

1.2.1　拟完成的任务

阅读资料，完成乙—丙区段通过能力的计算。

① 乙—丙区段车站位置示意图如图 1-33 所示（区段长 130 km）；

图 1-33　乙—丙区段车站位置示意图

② 闭塞方式：单线半自动闭塞；

③ 乙—丙区段各站主要设备情况：到发线数目除 B、I 站为两股道外其余均为三股道（包括正线）；各站（除 E 站外）均不准同时接车；

④ 扣除系数：$\varepsilon_{客}=1.3$，$\varepsilon_{摘}=1.5$；

⑤ 运行图要素如表 1-4 所示。

表 1-4　运行图要素

站名	区间运行时分				车站间隔时间			列车停站时间			
	客车		货列		$\tau_{不}$	$\tau_{会}$	$\tau_{连}$	快客	普客	摘挂	技术作业
	上行	下行	上行	下行							
乙						3	4				
	6^1_2	7^2_1	9^1_3	10^3_1							
A					4	3	4		3	20	
	9^1_2	8^2_1	12^1_3	12^3_1							
B					4	3	4		2	30	
	8^1_2	9^2_1	11^1_3	12^3_1							
C					4	3	4		3	20	
	10^1_2	10^2_1	13^1_3	14^3_1							
D					4	3	4		3	30	
	8^1_2	9^2_1	11^1_3	12^3_1							
E					4	3	4	5	8	40	10
	8^1_2	8^2_1	11^1_3	11^3_1							
F					4	3	4		3	30	
	9^1_2	7^2_1	12^1_4	10^3_1							
G					4	3	4		3	20	
	7^1_2	7^2_1	10^1_3	10^3_1							
H					4	3	4		3	30	
	7^1_2	8^2_1	10^1_3	11^3_1							
I											
	8^1_2	9^2_1	11^1_3	12^3_1							
丙											

1.2.2　任务目的

① 明确区间通过能力和区段通过能力的定义。

② 掌握平行运行图区间通过能力的计算方式。

③ 掌握非平行运行图区间通过能力的计算方式。

④ 了解提升区段通过能力的措施。

1.2.3 所需设备

相关视频学习资料。

1.2.4 相关配套知识

知识点 1 区段通过能力概述

为了实现运输生产过程，铁路必须具备一定的运输能力。

铁路运输生产设备是形成铁路运输能力的物质基础。根据铁路运输生产的特点，铁路运输生产设备可分为两大类：一类是不能移动的固定设备，即形成铁路运输通道的基础设施，如铁路区间、车站、机务段等的生产设施和供电、给水、燃料等固定设备；另一类是能移动的活动设备，即实现铁路运输生产（或服务）对象位移所需的运载动力和运载工具，如机车、车辆、动车组等活动设备。

铁路运输能力既取决于固定设备的设置数量和相互配置结构，又取决于活动设备的时空配置，还取决于固定设备与活动设备的相互适配。

铁路运输能力一般采用通过能力和输送能力两种概念。

1. 通过能力

1）通过能力的定义

取决于固定设备设置条件的铁路运输能力统称为通过能力。通过能力一般按铁路区段或方向确定，它是在设定类型的机车、车辆和一定的行车组织方法的前提下，以固定设备在单位时间内（通常指一昼夜）能放行通过的标准重量的最大列车数或列车对数来表示的。通过能力在一定程度上取决于广大铁路职工的协同动作和铁路固定设备、机车车辆的合理运用。因此，通过能力并不是一成不变的，它随着技术设备和行车组织方法的改善而提高。计算通过能力的目的，就在于能够胸中有数地安排运输生产，保证铁路运输适应国民经济不断发展和人民生活水平不断提高的需要。

区段通过能力是指铁路区段内各种固定设备中，通过能力最薄弱的设备的能力，也称为区段最终通过能力或限制通过能力。

2）影响区段通过能力的因素

区段通过能力的大小受下列固定设备能力大小的影响。

① 区间。其通过能力主要决定于区间正线数、区间长度、线路纵断面、机车类型、信号、联锁、闭塞设备的种类。

② 车站。其通过能力决定于到发线数目、咽喉道岔的布置、驼峰和牵出线数，信号、

联锁、闭塞设备的种类。

③ **机务段设备和整备设备**。其通过能力决定于内燃机车或电力机车定修台位及段内整备线。

④ **给水设备**。其通过能力主要决定于水源、扬水管道及动力机械设备。

⑤ **电气化铁路的供电设备**。其通过能力决定于牵引变电所和接触网。

根据以上固定设备计算出来的通过能力，可能是各不相同的。其中能力最薄弱的设备限制了整个区段的通过能力，该能力即为该区段的最终通过能力。

知识链接

通过能力的三个概念

在铁路实际工作中，通常又把通过能力分为三个不同的概念，即设计通过能力、现有通过能力和需要通过能力。

① 预计新线修建以后或现有铁路技术改造以后，铁路区段固定设备所能达到的能力，称为设计通过能力；

② 在现有固定设备、现行的行车组织方法和现有的运输组织水平的条件下，铁路区段可能达到的通过能力，称为现有通过能力；

③ 在一定时期内，为了适应国家建设和人民生活的需要，铁路区段所应具备的能力，称为需要通过能力。

2. 输送能力

取决于活动设备的数量和配置的铁路运输能力称为输送能力。输送能力一般按线路或方向分别确定。它是在一定的固定设备、一定的机车车辆类型和一定的行车组织方法的条件下，根据活动设备（机车车辆）数量和职工配备情况，在单位时间内最多能够输送的列车对数、列车数或货物吨数。

3. 输送能力与通过能力的关系

输送能力和通过能力这两个术语之间，既有区别，又有联系。通过能力着重于从固定设备方面衡量铁路线路可能通过的列车数，并未考虑活动设备数量和职工配备情况等因素，而通过能力的实现将受这些因素的制约。输送能力则着重于从活动设备和职工配备方面规定该铁路线能够通过的列车数或货物吨数，它需要以铁路通过能力为依托并受其限制。这就是说，输送能力一般小于或等于通过能力。通过能力具有地区固定性的特点，不能调拨，其发展一般呈阶跃式增长；而决定输送能力的机车车辆和职工配备是分散、流动的，其数量的增长一般是渐进式的。

在同一线路上，不同方向的以列车数计的区段通过能力可能是相同的，而以货物吨数计的区段通过能力一般不同，重车方向的通过能力大于空车方向，因此，同一线路不同方向的输送能力受货流条件影响，其大小是不同的。

输送能力应与通过能力相适应。为满足不断增长的运输需求，铁路不仅要强化固定设备，通过适时修建新线和对既有线进行技术改造来提高通过能力，而且也要相应地添置机车车辆，组织人员培训，并大力加强运输组织工作，通过充分挖掘现有技术设备的潜力来提高输送能力，从而实现最大的运输能力。

知识点 2 区间通过能力及其计算

铁路区间通过能力是指一个区间根据现有固定设备（区间正线数、区间长度、线路纵断面、信号、联锁及闭塞设备等），在一定类型的机车、车辆和行车组织方法的条件下，一昼夜内所能通过的最多列车对数或列车数。

在编制列车运行图时，确定了各种列车的行车量以后，应计算区间通过能力，确定区间通过能力的利用程度，以便采取适当的编图措施。

计算区间通过能力时，由于平行运行图中列车运行线的排列具有规律性，所以，先计算平行运行图的区间通过能力，然后在此基础上再计算非平行运行图的区间通过能力。

区间通过能力，一般应计算到小数点后一位。非平行运行图区间通过能力，以对数表示时，不足 0.5 对者舍去，0.5 对以上不足 1 对者按 0.5 对计算；以列车数表示时，不足 1 列者舍去。

1. 平行运行图区间通过能力

在平行运行图上，一个区间内的列车运行线，总是以同样的铺画方式一组一组地反复排列着。这种以同样铺画方式反复排列的一组列车占用区间的总时分，称为运行图周期（$T_{周}$）。

几种常见的列车运行图周期示意图如图 1-34 所示。

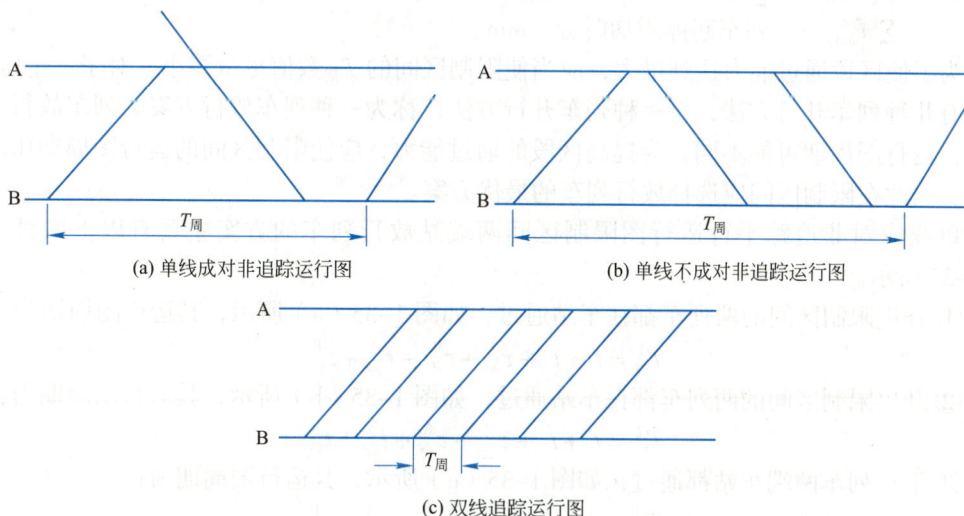

(a) 单线成对非追踪运行图　(b) 单线不成对非追踪运行图

(c) 双线追踪运行图

图 1-34　几种常见列车运行图的运行图周期

运行图周期由列车（一个或几个列车）区间纯运行时分之和（$\sum t_{纯}$）、列车起停附加时分之和（$\sum t_{起停}$）及车站间隔时间之和（$\sum \tau_{站}$）所组成，即

$$T_{周} = \sum t_{纯} + \sum t_{起停} + \sum \tau_{站}$$

不同类型的运行图周期所包含的上、下行列车数可能是不同的。若一个运行图周期内所包含的列车对数或列车数用 $K_周$ 表示，对于一定类型的平行运行图通过能力 $n_平$，用直接计算法时可按如下公式计算：

$$n_平 = \frac{1\,440}{t_固} K_周$$

式中：$t_固$——进行线路维修、技术改造施工、电力牵引区段接触网维修等作业，以及必要的列车慢行和其他附加时分，须预留的固定占用区间的时间，min。

由以上计算公式可以看出，$t_固$ 越大，通过能力越小。在整个区段内，通过能力最小的区间限制了整个区段的通过能力，通过能力最小的区间称为该区段的限制区间。限制区间的通过能力即为该区段的通过能力。

列车在区间运行时间最长的区间称为最大区间。一般情况下，最大区间就是限制区间。但也有区间 $\sum t_纯$ 虽不是最大，但 $\sum \tau_站$ 或 $\sum t_{起停}$ 的数值较大，或因技术作业影响造成 $T_周$ 最大而成为限制区间的情况。

在不同类型的运行图里，$T_周$ 的组成及 $K_周$ 的数值是不同的。因此，必须对不同类型的运行图分别计算其通过能力。

2. 限制区间两端站最优放行方案选择

1）单线成对非追踪平行运行图

在单线区段，通常采用成对非追踪平行运行图，如图 1–35（a）所示。单线成对非追踪平行运行图的运行图周期为：

$$T_周 = t' + t'' + \tau_A + \tau_B + \sum t_{起停}$$

式中：t'、t''——上、下行列车区间纯运行时分，min；

τ_A、τ_B——A 站、B 站的车站间隔时间，min；

$\sum t_{起停}$——列车起停附加时分，min。

为了使区段通过能力达到最大，应当使限制区间的 $T_周$ 数值尽量缩小。对于一个区间，可以有几种列车开行方法，每一种列车开行方法，称为一种列车放行方案。列车放行方案不同，运行图周期可能不同。为提高区段的通过能力，应使限制区间的运行图周期压缩到最小，因此在限制区间应选择放行列车的最优方案。

单线成对非追踪平行运行图限制区间两端站放行列车的方案主要有以下四种，如图 1–35 所示。

① 开进限制区间的两列车都在车站通过，如图 1–35（a）所示，其运行图周期为：

$$T_周^1 = t' + t'' + \tau_不^A + \tau_不^B + t_停^A + t_停^B$$

② 开出限制区间的两列车都在车站通过，如图 1–35（b）所示，其运行图周期为：

$$T_周^2 = t' + t'' + \tau_会^A + \tau_会^B + t_起^A + t_起^B$$

③ 下行列车两端车站都通过，如图 1–35（c）所示，其运行图周期为：

$$T_周^3 = t' + t'' + \tau_不^A + \tau_会^B + t_停^A + t_起^B$$

④ 上行列车两端车站都通过，如图 1–35（d）所示，其运行图周期为：

$$T_周^4 = t' + t'' + \tau_会^A + \tau_不^B + t_起^A + t_停^B$$

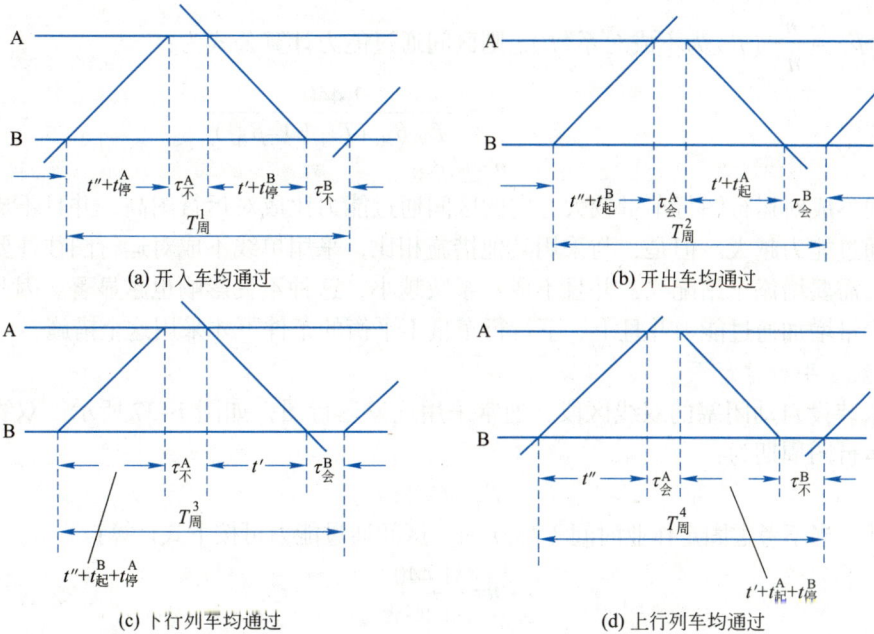

图 1-35 单线成对非追踪平行运行图限制区间两端站放行列车方案

就同一车站而言，$\tau_{不}$和$\tau_{会}$的数值是不同的。至于列车起停附加时分，往往$t_{起}$比$t_{停}$稍大。从上述四种铺画方案可以看出，$\sum t_{起停}+\sum \tau_{站}$的组成及其总值在不同的方案里是各不相同的。为得到最大的通过能力，在限制区间应选择$T_{周}$最小的方案。

在选择限制区间两端车站放行列车的方案时，应考虑到区间两端车站的具体条件。例如在 A 站下行出站方向有长大上坡道，如果采用下行列车在 A 站停车进入区间的放行方案［如图 1-35（b）或（d）所示］，就有可能造成下行列车出发起动困难。此时，应选用下行列车通过 A 站［如图 1-35（a）或（c）所示］，而$T_{周}$又是较小的方案。

2）单线不成对运行图

在上、下行行车量不等的区段，为了适应运量增长的需要，可以采用不成对运行图，其运行图周期如图 1-36 所示。

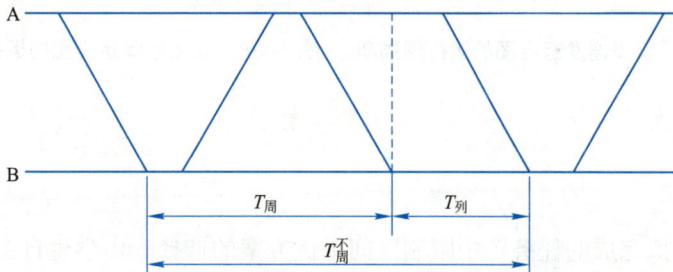

图 1-36 单线不成对非追踪运行图的运行图周期

由图 1-36 可见，在单线不成对运行图中，若行车量较小方向列车数为n'，行车量较大方向列车数为n''，则有：

$$n'T_{周}+(n''-n')T_{列}=1\,440$$

若令 $\beta_{不}=\dfrac{n'}{n''}$（$\beta_{不}$ 为不成对系数），则区间通过能力计算公式为：

$$n''=\dfrac{1\,440}{T_{周}\beta_{不}+T_{列}\left(1-\beta_{不}\right)}$$
$$n'=n''\beta_{不}$$

单线不成对运行图行车量较大方向的区间通过能力比成对运行图高，并且不成对系数越小，通过能力越大。但是，与采用其他措施相比，采用单线不成对运行图往往要降低旅行速度，需要增添车站配线，并且不成对系数越小，这种不良影响也越显著。因此，只有在需要少量增加通过能力并且上、下行行车量不平衡的条件下才采用这个措施。

3）双线平行运行图

在未装设自动闭塞的双线区段，通常采用连发运行图，如图 1-37 所示。双线连发运行图的运行图周期为：

$$T_{周}=t_{运}+\tau_{连}$$

因此，当不考虑固定作业时间（$T_{固}$）时，区间通过能力可按下式计算：

$$n=\dfrac{1\,440}{t_{运}+\tau_{连}}$$

式中：$t_{运}$——区间运行时分，min；

$\quad\quad\ \tau_{连}$——连发间隔时间，min。

应该指出，由于区间线路断面的关系，上、下行方向的限制区间可能不是同一区间。因而，上、下行方向区间通过能力不一定相同。

在自动闭塞区段，通常采用追踪运行图，如图 1-38 所示。双线追踪运行图的运行图周期 $T_{周}$ 等于追踪列车间隔时间 $\tau_{追}$，因此每一方向的区间通过能力为：

$$n=\dfrac{1\,440}{\tau_{追}}$$

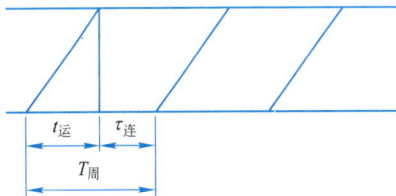

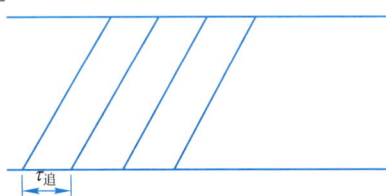

图 1-37　双线连发运行图的运行图周期　　图 1-38　双线追踪运行图的运行图周期

任务实施

完成 1.2.1 "拟完成的任务"中限制区间最优方案的选择，由学生自主完成。

知识点 3 非平行运行图区间通过能力计算

1. 非平行运行图区间通过能力

非平行运行图区间通过能力，指在旅客列车数量既定的前提下，区间在一昼夜内能够通过的客、货列车总数（对数或列数）。

1）计算方法

（1）图解法

在列车运行图上铺画旅客列车运行线后，在其间隔时间内铺画货物列车运行线。在列车运行图上最大限度地能够铺画的客、货列车总数，就是非平行运行图的区间通过能力。

图解法比较准确，但较烦琐，所以只在特殊情况下才采用。

（2）分析计算法

在非平行运行图中，多数列车是一般货物列车，其运行线（同方向）是互相平行的，旅客列车、快运货物列车、摘挂列车等数量较少，它们的运行线与一般货物列车运行线不平行。因此，在非平行运行图上，多数列车运行线仍具有平行运行图的基本特征。所以，在计算非平行运行图的区间通过能力时，在平行运行图区间通过能力的基础上，扣除旅客列车、快运货物列车、摘挂列车等造成的影响后，即可计算出非平行运行图区间通过能力，其计算公式为：

$$n_{非}=n_{货}+n_{客}$$

$$n_{货}=n_{平}-\left[\varepsilon_{客}n_{客}+(\varepsilon_{快}-1)n_{快}+(\varepsilon_{摘}-1)n_{摘}\right]$$

式中：　$n_{非}$——非平行运行图货物列车通过能力（包括快运货物列车、摘挂列车），对或列；

$n_{平}$——平行运行图区间通过能力，对或列；

$n_{客}$、$n_{快}$、$n_{摘}$——旅客列车、快运货物列车、摘挂列车的数量，对或列；

$\varepsilon_{客}$、$\varepsilon_{快}$、$\varepsilon_{摘}$——旅客列车、快运货物列车、摘挂列车的扣除系数。

2）扣除系数

因铺画一列或一对旅客列车、快运货物列车、摘挂列车，需从平行运行图上扣除的一般货物列车列数或对数，分别称为旅客列车扣除系数、快运货物列车扣除系数和摘挂列车扣除系数。

（1）旅客列车扣除系数的确定

旅客列车扣除系数，是用一列或一对旅客列车平均占用区间的时间 $T_{客占}$ 与一列或一对货物列车平均占用区间的时间 $T_{货占}$ 的比值确定的，即在 $T_{客占}$ 时间内能铺画几列或几对一般货物列车。

旅客列车平均占用区间的时间，包括旅客列车直接占用时间 $t_{客占}$［运行时间（$t_{客}$）和车站间隔时间（$\tau_{站}$）或追踪列车间隔时间（$\tau_{追}$）］和由于旅客列车的影响而不能利用的额外扣除时间 $t_{外扣}$两部分。

$$\varepsilon_{客}=\frac{T_{客占}}{T_{货占}}=\frac{t_{客占}+t_{外扣}}{T_{货占}}=\frac{t_{客占}}{T_{货占}}+\frac{t_{外扣}}{T_{货占}}=\varepsilon_{基}+\varepsilon_{外}$$

式中：$\varepsilon_{基}$——基本扣除系数；

$\varepsilon_{外}$——额外扣除系数。

单线非自动闭塞区间和双线非自动闭塞区间，一列或一对旅客列车和货物列车占用区间的时间示意图，如图 1-39 所示。

（2）摘挂列车扣除系数的确定

摘挂列车虽是货物列车，区间运行时分与一般货物列车相同，但因其在中间站停站次数多、停车时间长，所以对区间通过能力也会产生一定影响。

(a) 示意图(一)

(b) 示意图(二)

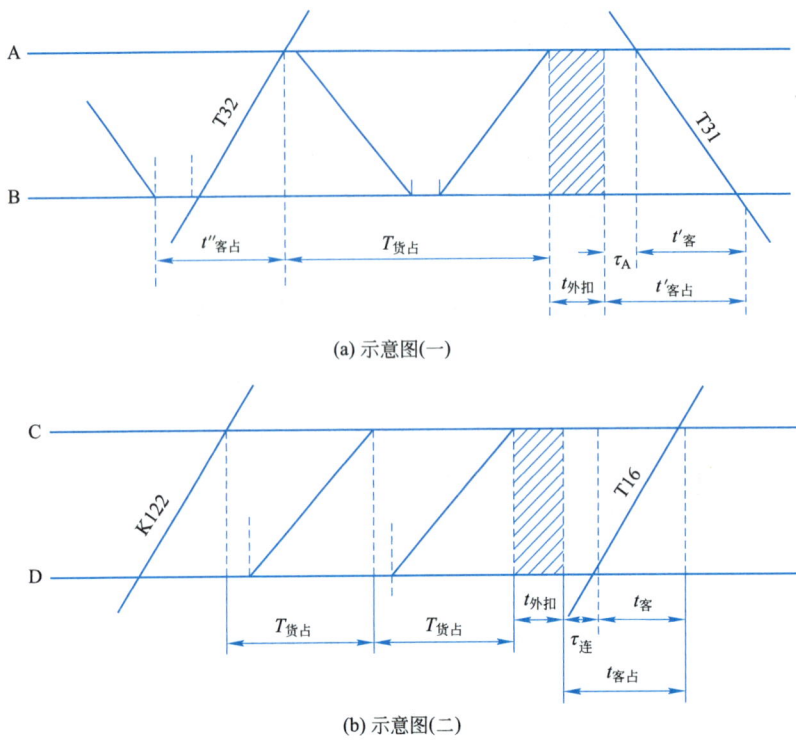

图 1-39 旅客列车和货物列车占用区间时间示意图

摘挂列车扣除系数的大小与下列因素有关。

① 作业站数。作业站数越多，扣除系数越大；反之越小。如图 1-40（a）所示，列车在中间站每次开车，就要影响一列普通货物列车不能开行。

② 区间均等性。区间越均等，扣除系数越大；反之越小。如图 1-40（a）所示，因区间较均等，对其他货物列车影响较大。在图 1-40（b）中，因区间不均等，摘挂列车可以利用列车运行图空隙运行，所以对其他货物列车影响较小。

③ 运行图铺满程度。运行图铺满程度越大，影响越大；反之越小。摘挂列车扣除系数不能按一个区间来确定，准确的数值只能在一个区段的列车运行图铺画完了之后查定。所以，在计算区间通过能力时，不得不利用经验数值。

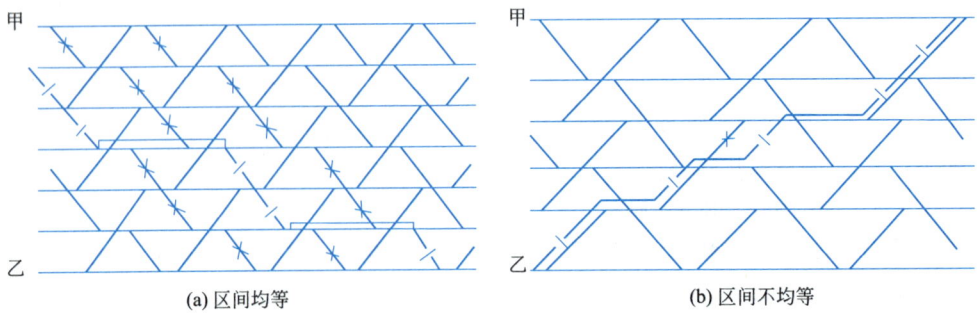

(a) 区间均等

(b) 区间不均等

图 1-40 摘挂列车对区间通过能力的影响示意图

（3）我国铁路现阶段采用的扣除系数

在用分析计算法计算非平行运行图的区间通过能力时，我国铁路目前采用的扣除系数见表1-5。

表1-5 我国铁路目前采用的扣除系数

区间正线	闭塞方法		旅客列车	快运货物列车	摘挂列车	备注
单线	自动		1.0	1.0	1.3～1.5	
	半自动		1.1～1.3	1.2	1.3～1.5	
双线	自动	$l=10$	2.0～2.3	2.0	2.0～3.0	摘挂列车3对以上时取相应的低限值
		$l=8$	2.3～2.5	2.3	2.5～3.5	
	半自动		1.3～1.5	1.4	1.5～2.0	

注：①其他闭塞方法，可参照半自动闭塞的扣除系数。
②快运货物列车及分段作业的摘挂列车，在无作业的区段不考虑扣除系数；摘挂列车在干线的区段内无作业时，不考虑扣除系数。

2. 区间通过能力利用率

为掌握区间通过能力利用状况，考虑列车运行图铺画方法及采取加强通过能力的措施后，应计算区间通过能力利用率（k），其计算公式为：

$$k = \frac{1}{n_平}\left[\varepsilon_客 n_客 + (\varepsilon_快 - 1)\, n_快 + (\varepsilon_摘 - 1)\, n_摘 + n_货^图\right]$$

式中：$n_平$——平行运行图区间通过能力；
$n_货^图$——运行图规定的货物列车数。

任务 1.3 列车运行图编制

当客货列车行车量、铁路技术设备以及运输组织方法发生较大变化时，需要修改或重新编制列车运行图。根据我国多年的经验，原则上规定每两年编制一次列车运行图，在春节运输繁忙期过后开始实行。列车运行图的编制工作，由国铁集团统一领导。国铁集团和铁路局集团公司分别成立运行图编制委员会和运行图编制工作组，分别负责跨局和局管内的编图工作。

列车运行图的编制，大致可以分为三个阶段，即准备资料阶段、编制阶段和新图实行前的准备阶段。

1.3.1 拟完成的任务

阅读资料，完成乙—丙区段列车运行图编制。

① 乙—丙区段车站位置示意图如图 1–33 所示，区段长 130 km。

② 闭塞方式：单线半自动闭塞。

③ 乙—丙区段各站主要设备情况：到发线数目除 B、I 站为两股道外其余均为三股道（包括正线）；各站（除 E 站外）均不准同时接车。

④ 机车运用有关规定：

a）机车类型为内燃机车；

b）货运机车在机务本段（乙站）折返时间为 2.0 h，在折返段（丙站）折返时间为 1.5 h。（客运机车不勾画交路）；

c）摘挂列车实行专用制，单独勾画机车交路。

⑤ 行车量及固定时间：

a）普通旅客快车一对：1011 次乙站 2：30 开，1012 次丙站 6：30 开；

b）普通旅客慢车二对：6011 次乙站 10：00 开，6012 次丙站 13：00 开，6211 次乙站 19：00 开，6212 次丙站 22：00 开；

c）直达货物列车上行 2 列：85332 次丙站 2：00 开，85334 次丙站 13：30 开；

d）区段货物列车上行 11 列，下行 13 列，车次由 33101/2 编起；

e）摘挂列车 1 对，运行方案确定为上开口式，I 站，$t_{作业}$=3 h，车次为 40001/2。

⑥ 扣除系数：$\varepsilon_{客}$=1.3，$\varepsilon_{摘}$=1.5。

⑦ 运行图要素如表 1–4 所示。

1.3.2　任务目的

① 明确列车运行图的编制步骤。

② 了解列车运行图的编图要求。

③ 熟练掌握列车运行图的编制方法 。

④ 掌握分号列车运行图的定义及作用。

1.3.3　所需设备

列车运行图图纸及相关学习视频。

1.3.4　相关配套知识

知识点 1　编制列车运行图的发展历程

1. 人工编图阶段

长期以来，铁路列车运行图都是人工编制的。由于所要解决的问题错综复杂，每次编图往往需要数百人次参加，历时数月之久。编图人员技术水平不一，所编出的列车运行图质量差别很大，在因编图工作繁重而必须齐头并进的情况下，很难做到多方案优选，由于编图费工费时，导致不得不减少编图次数，延长列车运行图执行期限。由于运量测算不准、施工期限变动、机型调整、设备改造等给列车运行图带来的影响，只能在较小范围内用临时调整列车运行图的方法来解决，更谈不上从总体上进行优化。

为提高编图质量，加快编图速度，把编图人员从复杂的、烦琐的手工劳动中解脱出来，实现运行图编制的现代化，已成为当务之急。

2. 计算机编图阶段

1）国外情况

利用计算机编制列车运行图，实现列车运行图编制的现代化，在国际上早已引起了广泛重视，很多国家从 20 世纪 60 年代起就开展了系统的研究，并取得了很多重要成果。如日本铁路在 1972 年就已经实现了用计算机编制旅客列车运行图，并于 1981 年建立了编制列车运行图的人机系统，用以完成部分线路旅客列车运行图的编制工作；苏联铁路于 20 世纪 70 年代末已实现双线自动闭塞区段货物列车运行图编制的自动化。从 20 世纪 80 年代开始，国外铁路的研究工作已由单纯计算机编制列车运行图进一步过渡到建立列车运行信息管理系统，向实现全路列车运行图信息管理系统的阶段发展。发达国家计算机编制列车运行图已达到的技术水平和发展趋势是：

① 建设全路性的计算网络，实现对列车运行图信息的系统管理；

② 以列车运行图信息管理系统为基础，实现列车运行图编制和调整的智能化；

③ 以列车运行图信息管理系统为基础，实现列车运行过程信息处理智能化。

2）国内情况

20 世纪 80 年代以来，我国铁路在利用计算机编制全路直通客车方案和双线区段货物列车运行图等方面取得了一系列突破，部分成果已经应用于我国铁路的实际编图工作，为全面实现编图计算机化奠定了坚实的基础。经历了编制双线区段列车运行图、单线区段列车运行图、客车方案图、枢纽地区列车运行图的研究发展过程，由从力求最优化的目标出发建立数学模型，到从力求使用、确保编图质量的目标出发，建立人机交互的辅助决策系统；从分散研究到协调攻关；从单个研究双线运行图、单线运行图、枢纽地区运行图，到整体研究网状线路运行图，建立列车运行图信息管理系统，探索出了一条适合我国铁路路情的计算机编制列车运行图的技术发展道路。

知识点 2　列车运行图的编制要求、编图资料和编图步骤

1. 编图要求

① 保证列车运行安全。

② 符合各项技术作业标准。

③ 适应客货运输市场需求。

④ 经济合理地运用机车车辆。

⑤ 做好列车运行线与客流、车流结合。

⑥ 充分利用线路通过能力，合理安排施工、维修天窗。

⑦ 努力实现各站、各区段间列车运行的协调和均衡。

⑧ 合理安排乘务人员作息时间。

⑨ 提高铁路应急处置能力。

2. 编图资料

① 各区段客、货列车行车量。

② 车站间隔时间和追踪列车间隔时间。

③ 各区段通过能力。

④ 客、货列车停车站及停车时间标准。

⑤ 各技术站主要技术作业时间标准。

⑥ 客、货列车区间运行时分及起停车附加时分。

⑦ 各区段货物列车重量及长度标准。

⑧ 机车在机务本段和折返段所在站的停留时间标准、机车运用方式和乘务工作制度。

⑨ 各区段线路允许速度、车站过岔速度。

⑩ 施工计划和慢行地段及其限速标准。

⑪ 现行列车运行图执行情况分析及改善意见。

3. 编图步骤

在列车运行图的编制阶段，通常分三步进行。

1）编制列车运行方案图

编制列车运行方案图的目的是解决列车运行线的布局衔接问题，尽量使列车运行线均衡排列。合理勾画机车交路，压缩机车运用台数。列车运行方案图，一般用小时格图纸进行编制，只标明列车在主要站（技术站、分界站及较大的客、货运站）的到发时刻，如图 1-41 所示。

2）编制列车运行详图

所谓详图，即详细的列车运行图，它包括列车在所有经过车站的到达、出发或通过时刻。列车运行详图应根据列车运行方案图进行编制。一般用二分格图纸进行编制，编完后再描绘在十分格图纸上。

3）计算列车运行图指标

在检查、确认列车运行图完全满足要求后，还应计算运行图指标，包括列车旅行速度、技术速度及机车日车公里等。

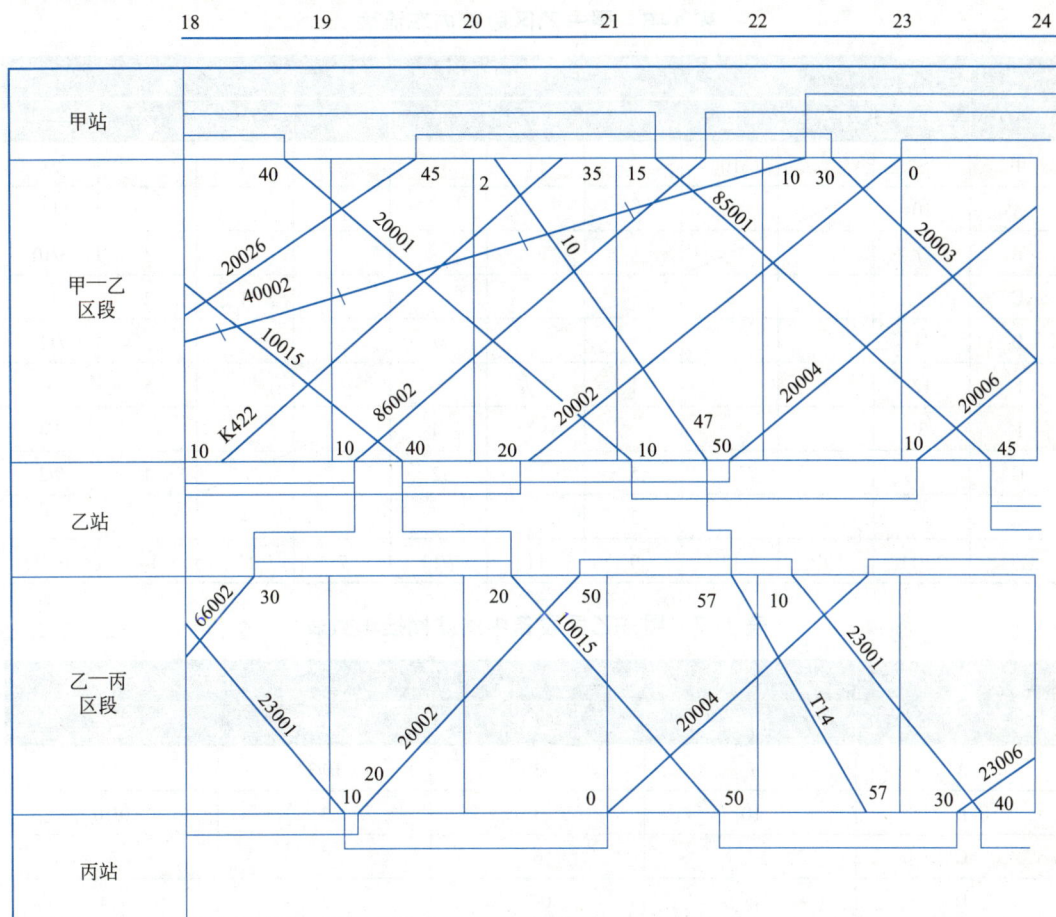

图 1-41　列车运行方案图

知识点 3　区段管内工作列车运行方案

区段管内工作，是指区段内各中间站到发车流的输送工作。除个别中间站由于装卸量较大可用直达列车输送外，一般中间站的车流主要靠摘挂列车、小运转列车、调度机车等进行输送。所以，区段管内工作列车运行方案，主要用于解决这些列车的开行列数。

1. 区段管内工作列车行车量的确定

区段管内工作列车的开行列数，决定于区段内各中间站的到发车流量。中间站的到发车流量，包括新编列车运行图实行期间有代表性的日均装车数以及各站到发的空车数。根据以上有关车数，参照以往实际车流的到发情况，即可编制区段管内车流表，示例如表1-6所示。根据表1-6即可编制各中间站摘挂车数表（如表1-7所示），并绘制区段管内各区间车流变动图（如图1-42所示）。

在车流和摘挂车数表中，"/"前面的是重车数，"/"后面的是空车数。在车流表中，上三角部分为下行车流，下三角部分为上行车流。

表 1-6　甲—乙区段管内车流表

发	到									
	甲	A	B	C	D	E	F	G	乙	合计
甲			10		11		4	3		28
A	10						3			13
B	/7	/3							3	3/10
C			3				4	2		9
D	/4					/7				/11
E	12	2		1					5	20
F	3					/4				3/4
G			5			/2			4	9/2
乙		8		3				4		15
合计	25/11	10/3	13	9	11	7/13	7	11	14	107/27

表 1-7　甲—乙区段各中间站摘挂车数表

站名	下行		上行	
	摘车	挂车	摘车	挂车
A	/	3	10/3	10
B	10	3	3	0/10
C	/	6	9	3
D	11	0/7	/	0/4
E	0/7	5	7/6	15
F	7	/	/	3/4
G	7	4	4	5/2
合计	35/7	21/7	33/9	36/20

从车流变动图可以看出，由于各中间站的摘挂车数不同，造成各区间的运行车数也不同。按照重、空车辆的平均重量，便可计算出每一区间的车流总重。

为了保证行车安全，铁路部门规定了一个列车重量标准，要求车流总重原则上不能超过列车重量标准。列车重量标准一般是按区段规定的。实际上，由于各区间的线路坡度不同，其允许牵引重量也是不等的，例如，在图 1-42 中，有的区间因坡度较小或是下坡道，机车牵引重量可达到 3 500 t，有的区间因坡度较大而使机车只能牵引 3 000 t。机车在区间的牵引重量标准简称区间重量标准。

有了区间车流总重和区间重量标准，即可算出每一区间应开行的摘挂列车数：

$$n_{摘挂} = \frac{U^{重}_{摘挂}q_{总重} + U^{空}_{摘挂}q_{自重}}{Q_{区间}}$$

式中：$n_{摘挂}$——应开行的摘挂列车数；

$U_{摘挂}^{重}$、$U_{摘挂}^{空}$——由摘挂列车挂运的重车和空车数；

$q_{总重}$——货车平均总重，t；

$q_{自重}$——货车平均自重，t；

$Q_{区间}$——区间重量标准，t。

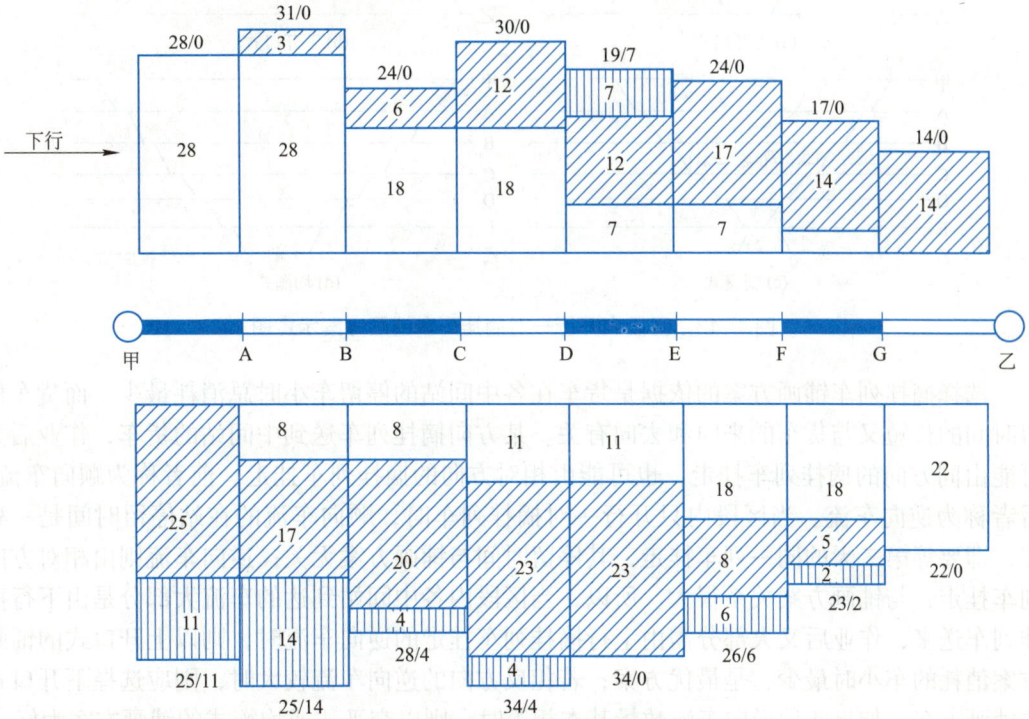

图 1-42 甲—乙区段管内各区间车流变动图

摘挂车数	−10/3	10	−3	−0/10	−9	+3	+0/4	−7/6	+15	+3/4	−4	+5/2
车流总重/t	1 920	1 980		1 984		2 392	2 312		1 888	1 604		1 496
区间重量标准/t	3 000	3 000		3 000		3 000	3 500		3 200	3 000		3 000

图 1-42 中，阴影部分为重车流。从该图可以看出，甲—乙区段各区间上下行的车流总重均未超过区间重量标准，开行一对摘挂列车即可。

如果计算结果中有几个邻近技术站的区间车流总重超过区间重量标准，为了减少摘挂列车开行列数，又能及时输送区段管内车流，可以考虑在这些区间开行区段小运转列车，与摘挂列车配合作业。

2. 摘挂列车铺画方案的选择

1）开行一对摘挂列车

区段内需要开行一对摘挂列车时，其铺画方案有四种，即上开口式、下开口式、交叉式、均衡式，各方案示意图如图 1-43 所示。

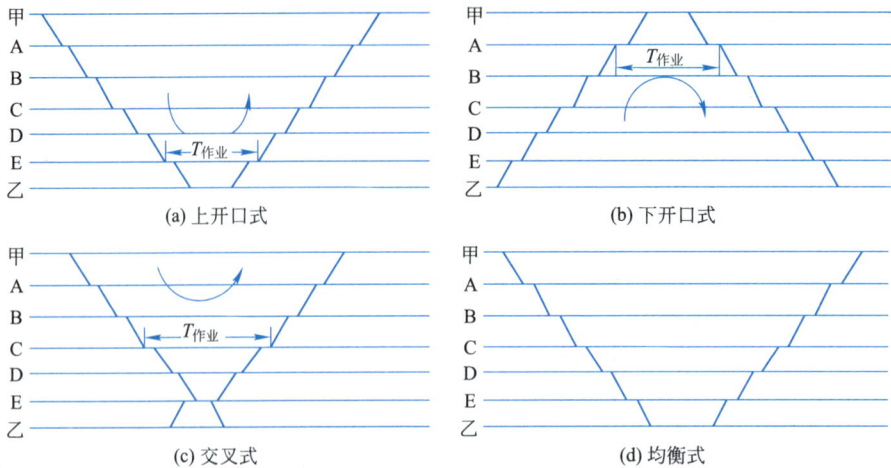

图 1-43 区段内开行一对摘挂列车铺画方案示意图

选择摘挂列车铺画方案的依据是货车在各中间站的停留车小时总消耗最少。而货车停留时间的长短又与货车的来向和去向有关。某方向摘挂列车送到中间站的货车，作业后又可能由同方向的摘挂列车挂走，也可能由相对方向的摘挂列车挂走。前者称为顺向车流，后者称为逆向车流。当区段内只开行一对摘挂列车时，顺向车流的在站停留时间是一昼夜，即要等第二天的同一列车挂走，其停留时间与铺画方案无关；逆向车流则由相对方向列车挂走，与铺画方案关系很大。所以，当区段内各中间站到达的车流大部分是由下行摘挂列车送来，作业后又大部分需由上行摘挂列车挂走的逆向车流时，则以上开口式的铺画方案消耗的车小时最少，是最优方案；若相反方向的逆向车流较大时，则应选择下开口式的铺画方案；如果两种逆向车流数量基本相等时，则以交叉式或均衡式的铺画方案为好。

摘挂列车铺画方案中，两列车的开口幅度的大小应满足中间站调车作业和装卸作业时间的需要。为寻求车小时消耗最小的铺画方案，可将一条摘挂列车运行线固定后，移动另一条摘挂列车运行线，从数个方案中选择开口幅度最优方案。

2）开行两对摘挂列车

区段内需要开行两对摘挂列车时，其铺画方案很多，常见的有如图 1-44 所示的几种。

① 如果区段内车流大部分由下行摘挂列车送到，作业后需随上行摘挂列车挂出，或由上行摘挂列车送到，作业后需随下行摘挂列车挂出，可采用如图 1-44（a）所示方案。

② 如果区段内车流大部分是顺向车流，可采用如图 1-44（b）所示方案。此时，同方向摘挂列车的间隔，不少于货物作业时间较长的那个中间站的一次或双重货物作业时间标准，保证完成货物作业后能及时挂走。

③ 如果区段内各中间站车流，大部分由下行摘挂列车送到，作业后随上行摘挂列车挂走，可采用如图 1-44（c）所示方案。

3. 区段管内工作列车运行线的铺画

在编制列车运行图时，应根据区段管内工作列车的行车量，参照区段管内工作列车铺画方案，安排各种区段管内工作列车运行线。

铺画摘挂列车运行线时，经常采用以下 5 种方法。

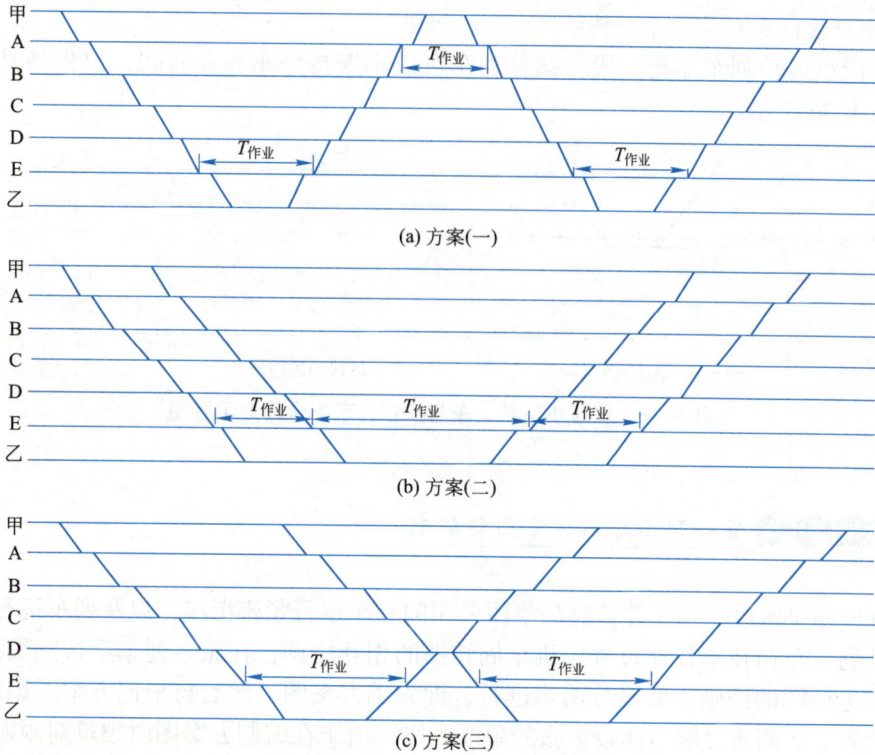

图 1-44 区段内开行两对摘挂列车铺画方案

1）集中给点

铺画摘挂列车运行线时，在区段内某几个较大的中间站预留出较长的停留时间。日常工作中，由调度员根据实际作业需要分给几个邻近的中间站使用。

2）分散给点

铺画摘挂列车运行线时，把时间分给各中间站。日常工作中，当某站甩挂作业较多时，由调度员进行必要的调整，把分散给几个中间站的时间集中在某站使用。

3）分段给点

当每天开行两列同方向摘挂列车时，可以组织分段作业，如图 1-45 所示。第一列摘挂列车在前半段的中间站上作业，第二列摘挂列车在后半段的中间站上作业。

图 1-45 摘挂列车分段给点

4）交叉给点

当每天开行两列同方向摘挂列车时，让两列摘挂列车在不同的车站交叉作业。如第一列下行摘挂列车在 A、C、E 站作业，第二列下行摘挂列车在 B、D 站作业。

5）组织区段小运转列车与摘挂列车配合作业

在区段小运转列车运行区段，摘挂列车可以不安排停车作业时间，以提高其旅行速度，如图 1-46 所示。

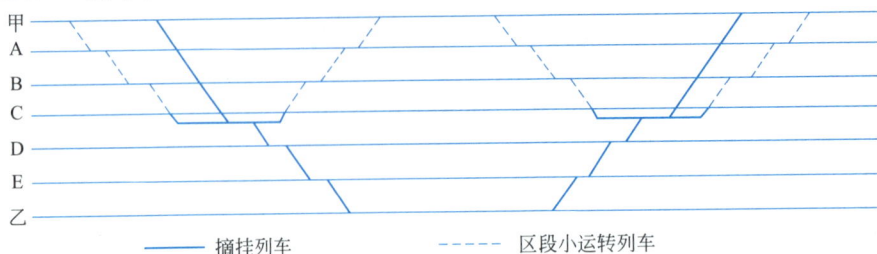

图 1-46　区段小运转列车与摘挂列车配合作业示意图

知识点 4　货物列车运行方案图的编制

为保证邻接区段、各相邻铁路局集团公司间列车运行紧密衔接，以及列车运行图与列车编组计划、车站技术作业过程、机车周转图的相互协调，在旅客列车运行图编制以后，货物列车运行图的铺画一般也分两步进行，即先编方案图，然后再根据方案图编制详图。但在运量大、区间通过能力比较紧张的单线区段，由于在编制方案图时很难对限制区间给予准确的安排，所以一般不编方案图，而直接在二分格图上编制详图。

1. 编制步骤

① 根据"五定"班列、直达快运货物列车运行方案，定期直达列车运行方案，重载列车运行方案，铺画"五定"班列、快运货物列车、定期直达列车和重载列车运行线。
② 根据摘挂列车运行方案，铺画摘挂列车运行线。
③ 铺画其他货物列车运行线。

2. 编制方法

货物列车运行方案图的编制可有下列两种方法：
① 由方向的一端开始，顺序铺画货物列车运行线；
② 由方向中间的某一局间分界站向两端延伸铺画。
在个别区段，当通过能力利用率接近饱和时，运行图编制最好就由这一最繁忙的区段开始。

3. 编制原则

1）计算货物列车旅行时间

在双线区段，直达、直通、区段列车的旅行时间为区间运行时分（包括起停附加时分）、列车在中间站技术作业站的停站时分之和，若列车在区段被越行时，还应增加待避时间。摘挂列车应另加各中间站规定的停车时间。在单线区段，除摘挂列车外，应考虑会车次数和停车时间，行车量越大，会车次数越多，列车旅行时间增加得越多。

2）均衡排列运行线

① 按列车数量和全日可利用的时间，计算列车间隔时间。以某一直达列车运行线为准，逐一确定列车在技术站的发车时刻。遇有旅客列车运行线时，列车间隔时间可以适当调整，但尽量不在旅客快车之前较短时间内安排货物列车运行线，以减少列车待避次数，提高旅行速度。

② 区段行车量较少时，可从机车折返站按机车折返时间标准，成对安排货物列车运行线；通过能力较紧张时，可以从限制区间开始铺画，以限制区间的最优列车放行方案为基础，向两边展铺，其中有些列车则需"倒铺"。

3）勾画机车交路

所有列车运行线安排完毕后，应勾画机车交路。勾画机车交路，一般按顺序办理，即先到站的机车应先折返。如遇个别折返时间不够标准时间时，应对部分列车的到发时刻进行适当调整。机车固定使用时，应单独勾画。

4. 注意事项

1）在编制客车运行方案图时应注意解决的问题

① 方便旅客旅行：

a）应规定适宜的旅客列车始发、终到和通过各主要站的时刻；

b）使各方向各种列车的运行时刻相互衔接，缩短旅客中转换乘的等待时间。

② 经济合理地使用机车车辆。

③ 保证旅客列车运行与客运站技术作业过程的协调。

④ 为货物列车运行创造良好条件。

实践证明，在客车运行方案图上应尽可能均衡地铺画旅客列车运行线，不仅有利于车站客运设备的有效利用，而且有利于保证旅客列车的良好运行秩序，有利于货物列车均衡地运行，有利于加速机车车辆周转。

在实际工作中，同时满足上述各项要求往往是困难的，在编制客车运行方案图时，应根据具体情况，权衡利弊，合理安排。

2）在编制货物列车运行方案图时应注意解决的问题

（1）列车运行图与列车编组计划的配合问题

列车运行图中货物列车运行线的编制应依据列车编组计划。因此，在编制货物列车运行方案图时，应做到：

① 按照列车编组计划所规定的货物列车种类、发到站和流量（并考虑波动系数），确定各种货物列车的行车量（对数或列数）；

② 对有稳定车流的定期运行的列车，应在运行图上固定运行线，尽量优先安排，经过技术站时要求有良好的接续；

③ 对非定期运行的技术直达、直通列车，在技术站也应有适当接续的运行线；

④ 与车流产生规律相结合。例如，按厂矿企业生产和装车情况安排始发直达列车的配空出重运行线，按车流集结情况安排自编出发列车运行线，等等。

（2）列车运行图与车站技术作业过程的配合问题

列车运行图与车站技术作业过程的配合，既可以提高区间通过能力，也可以提高车站通过能力，有效地利用车站技术设备，保证不间断地接发列车。有时由于客车的影响，造成货物列车密集到开的现象，此时应注意以下问题：

① 列车的到达和出发的间隔时间，应与车站到发线数目和列车占用时间相适应；

② 到达解体列车的间隔，应与车站的解体能力相适应；

③ 编组列车的发车间隔，应与车站编组能力相适应；

④ 中转列车在技术站的停留时间应满足车站对该种列车作业的需要；

⑤ 装车站的空车列车的到达时间与装后重车列车的发车时间，应满足车站调车作业、装车作业及列车技术作业过程等的时间要求；

⑥ 到达编组站的无调中转列车与到达解体列车应交错到达，在车站调车机车整备、换班期间最好安排无调中转列车到站作业。

（3）列车运行图与机车周转图的配合问题

列车运行图与机车周转图的配合，最好做到机车不等车列，车列也不等机车。实际上很难做到列列如此，但因节省机车对降低运输成本关系重大，所以在安排列车运行线时，应尽量减少机车在折返站的等待时间。为此，应注意以下几点。

① 按机车运用方式安排列车运行线。例如，循环运转制机车担当的列车在技术站的停留时间，应不小于机车在到发线的整备作业时间。

② 相对方向列车到达机车折返站的时间间隔 $\tau_{到间}$ 等于机车折返时间 $t_{折}$ 与无调中转列车技术作业时间 $t_{停}$ 的差值，如图 1-47 所示，即

$$\tau_{到间} = \tau_{折} - t_{停}$$

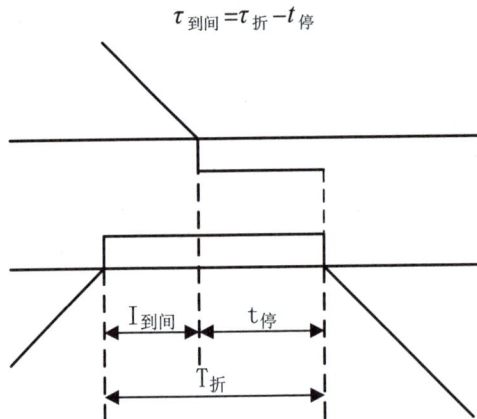

图 1-47　相对方向列车到达机车折返站的时间间隔

③ 按照机车乘务制度安排机车使用，不使乘务员超过规定劳动时间标准。

知识点 5　列车运行详图的编制

1. 编制步骤

在编制完成货物列车运行方案图后，即可着手在二分格运行图上具体铺画各区段的货物列车运行线，即编制列车运行详图。由于方案图只标明了区段两端技术站的到发时刻，无中间站的到发时刻，所以在编制详图的过程中，对方案图所规定的运行线可做适当移动，但应尽可能不改变分界站的到开时刻。

在单线区段，如果通过能力有较大后备，则可优先铺画定期运行的快运货物列车和直达货物列车。在中间站交会时，应尽量使其他货物列车等会这些列车；在经过技术站时，应保证其紧密接续，以加速这些列车的运行。

对于摘挂列车，应先按区段管内工作列车运行方案在图上铺画轮廓运行线，然后结合其他货物列车一起铺画。

2. 注意事项

1）保证行车安全和旅客乘降安全

为了保证行车安全和旅客乘降安全，应做到：

① 列车间隔时间应满足车站间隔时间和追踪列车间隔时间的有关规定；

② 遵守车站不准同时接发列车的有关规定；

③ 避免在不准停车或停车后起动困难的车站停车；

④ 列车在车站会车或越行时，同时停在车站的列车数应与该站到发线数目相适应；

⑤ 尽量避免旅客列车在中间站停车时该站有其他列车通过，以保证旅客乘降的安全。

2）有效地利用区间通过能力

在单线区段，通过能力有效大富余时，为保证机车的良好运用，货物列车运行线可以从机车折返站开始成对地铺画。这时应尽可能使列车到达折返站与由该机车牵引相反方向列车出发的间隔时间，等于机车在折返段所在站的作业时间标准，示例如图 1-48 所示。图 1-48 中，A 为折返站。

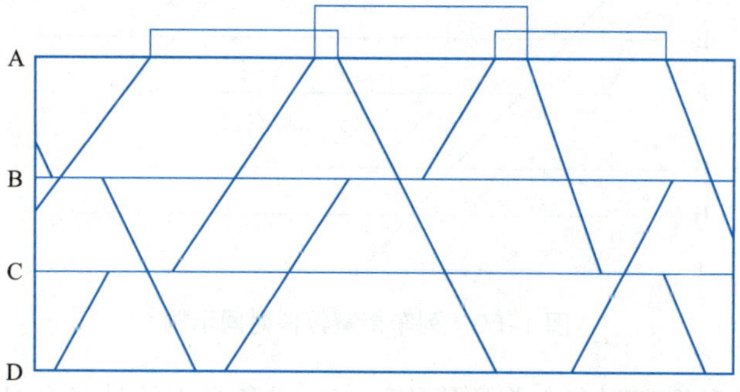

图 1-48 从机车折返站开始成对铺画货物列车运行线

当在运行图上铺画的列车对数达到区间通过能力利用率的 80% 以上时，该区间称为限制区间。为了有效地利用区间通过能力，应从限制区间开始铺画货物列车运行线，即在运行图上铺完旅客列车运行线之后，从限制区间开始铺画规定数量的货物列车运行线，然后再从限制区间分别向其他区间顺序铺画，示例如图 1-49 所示。图 1-49 中，CD 为限制区间，该图中的实线就是从限制区间开始画的，虚线是从限制区间向其他区间顺序铺画的。

3）努力提高货物列车旅行速度

提高货物列车旅行速度的关键在于减少列车起停附加时分和中间站的停车时间。为此，在铺画列车运行线时应尽量做到以下几点。

① 尽量减少停车次数，即减少起停附加时分。在旅客列车之前铺画的货物列车运行线，尽量使其在途中不待避客车，如不可避免时，则应尽量安排在货物列车技术作业站待避。这样，不但减少了起停附加时分，还可使技术作业与待避客车平行进行，从而节省时间。

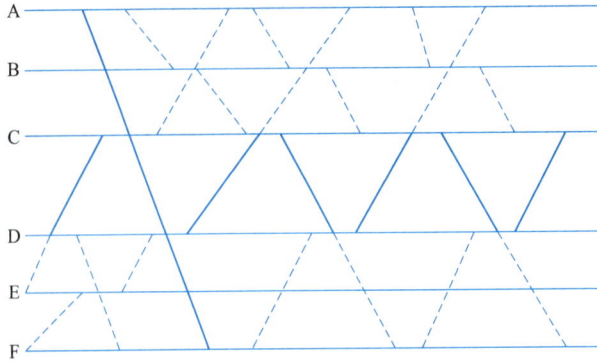

图 1-49　从限制区间开始铺画货物列车运行线示例

② 尽量减少列车在中间站的停车时间。其铺画方法主要有以下 3 种。

a）列车的会车或待避，尽量安排在技术设备较先进的车站或相邻区间运行时分最少的车站上进行，示例如图 1-50 所示。图 1-50 中，前两列列车的待避选择了设备较先进的车站，而后两列列车的待避则选择了从相邻区间运行时分最少的车站。

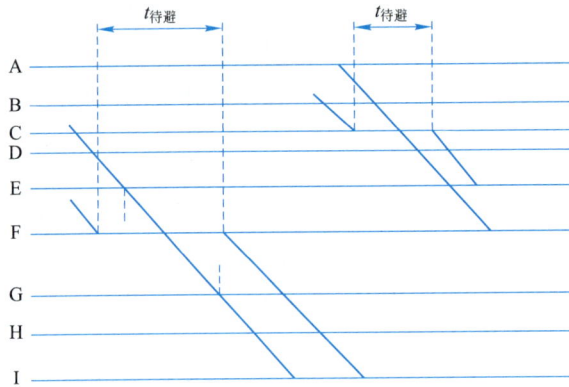

图 1-50　列车待避停留时间示例

b）单线区段，在旅客列车之前的货物列车，避免在中间站又会又让，示例如图 1-51 所示。图 1-51（a）中，20002 次列车与 20001 次列车在 B 站会车后，继续在 B 站给 T85 次列车让行，应改为 20002 次列车与 20001 次列车在 C 站会车后再于 B 站让行 T85 次列车，如图 1-51（b）所示。

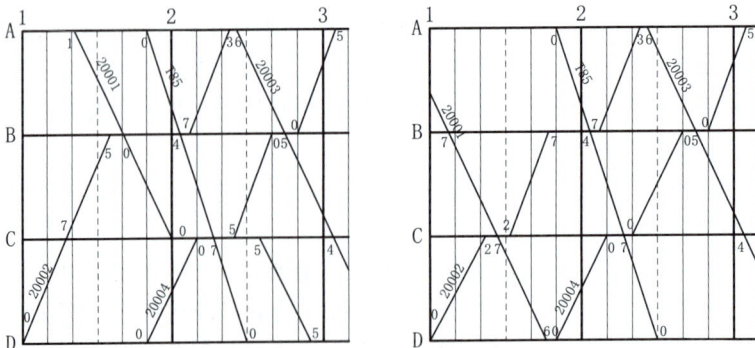

图 1-51　旅客列车之前货物列车运行线铺画例图

c）单线区段，在旅客列车之后的货物列车，与旅客列车之间应保持能铺画交会对向列车的间隔，示例如图 1-52 所示，请读者自行分析。

③ 在单双线区段，应首先铺画单线区间的运行线，尽量使列车的交会在双线区间进行。这样，既可减少停车次数，又可减少停车时间。

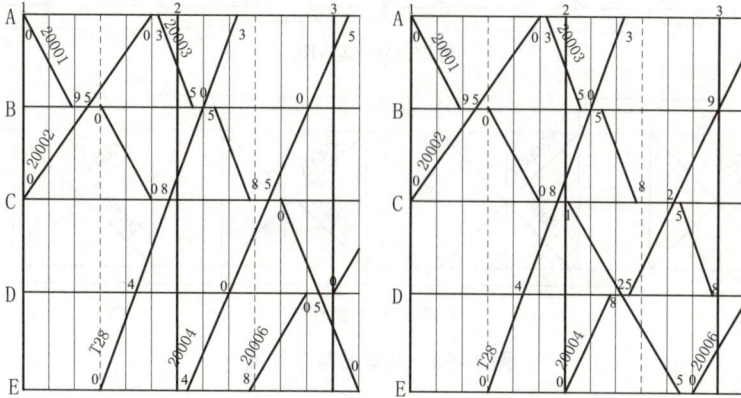

图 1-52 旅客列车之后货物列车运行线铺画示例

知识点 5 分号列车运行图的概念

列车运行图分为基本列车运行图（简称基本图）和分号列车运行图（简称分号图）。

基本图是指经过重新编制或调整，正在实施并持续到下次重新编制或调整为止的列车运行图。调整后的基本图又称调整列车运行图（简称调整图）。

分号图是指为适应短期运输、应对突发事件或施工等需要，短时间实行，实行完毕又恢复到基本图的临时性列车运行图。分号图分以下两种。

① 按照不同的行车量，在基本图上用抽减某些运行线的方法形成的分号运行图，称为综合分号运行图。这种分号运行图仅变更列车对数，不变更列车车次和时间，便于执行。其缺点是列车运行不够均衡、机车运用不经济等。

② 在基本图之外，根据不同的行车量，重新编制的运行图称为独立分号运行图。这种分号运行图上的所有运行线、机车交路等都重新安排，其优缺点与综合分号运行图相反。

图 1-53 中，（a）图为基本图，（b）图从基本图中抽减了 20002 次、20003 次、20008 次、20009 次列车，其余车次不变，因而为综合分号运行图；（c）图不仅在基本图的基础上抽掉了 20009 次、20010 次、20011 次和 20012 次列车，而且还对运行线、机车交路等都做了重新安排，因而属于独立分号运行图。

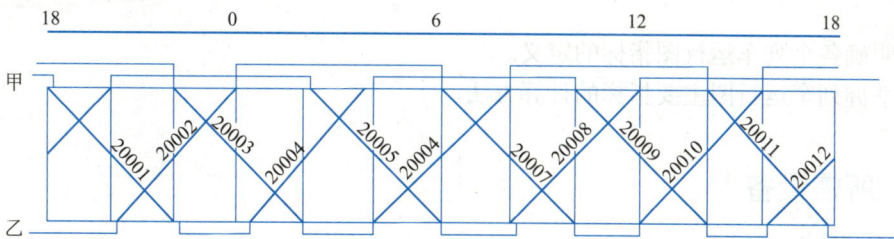

（a）基本图

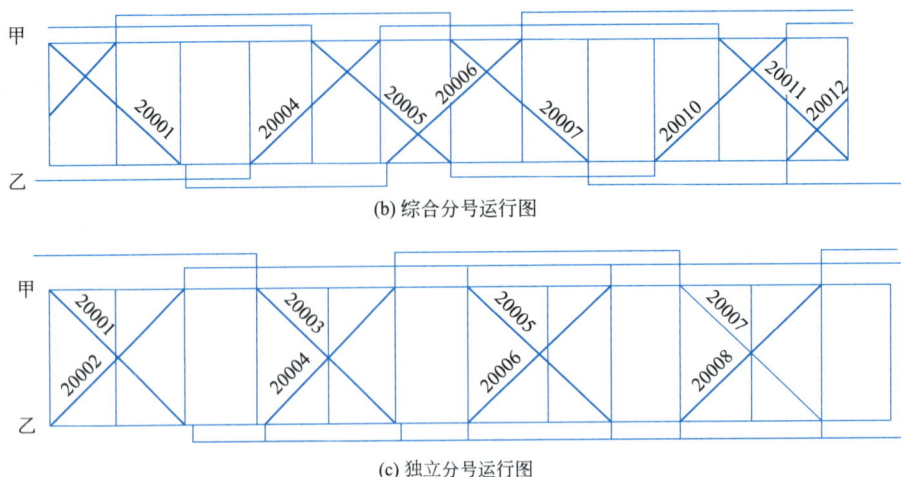

(b) 综合分号运行图

(c) 独立分号运行图

图 1-53　基本图与分号图

任务 1.4　列车运行图主要指标计算及新图实行

1.4.1　拟完成的任务

列车运行图指标是评价新列车运行图的关键元素之一，因此计算列车运行图指标是列车运行图编制的最后一步。

本任务理论学习完成后，将学生分为若干组。根据上一任务编制完成的列车运行图，计算列车运行图指标。与其他组对比指标的数值，讨论产生指标差异的原因。

1.4.2　任务目的

① 明确各个列车运行图指标的定义。
② 掌握列车运行图主要指标的计算方法。

1.4.3　所需设备

学生自主编制的列车运行图及相关学习视频。

1.4.4 相关配套知识

知识点1 列车运行图指标及其计算

在列车运行图编制完毕并经检查无误后，应计算下列主要指标，以考核列车运行图质量。

1. 货物列车平均技术速度（$v_{技}$）

货物列车平均技术速度，即货物列车在区段中各区间内运行（包括起停车附加时分，不包括各中间站的停留时间），平均每小时走行的公里数。其计算公式为：

$$v_{技} = \frac{\sum L}{\sum t_{运}}$$

式中：$\sum L$——各种货物列车总走行公里，km；

$\sum t_{运}$——各种货物列车运行时分的总和（包括起停附加时分），h。

2. 货物列车平均旅行速度（$v_{旅}$）

货物列车平均旅行速度，即货物列车在区段内运行（包括在各中间站停留时间在内），平均每小时走行的公里数。其计算公式为：

$$v_{旅} = \frac{\sum L}{\sum t_{运} + \sum t_{停}}$$

式中：$\sum t_{停}$——各种货物列车在各中间站停留时间的总和，h。

3. 速度系数（β）

速度系数即货物列车平均旅行速度与平均技术速度的比值。其计算公式为：

$$\beta = \frac{v_{旅}}{v_{技}}$$

4. 机车全周转时间（$\theta_{全}$）

机车全周转时间是机车在一个牵引区段担任一对列车作业所需消耗的全部时间。

在采用肩回交路时，机车全周转时间的计算公式为：

$$\theta_{全} = t_{往旅} + t_{返旅} + t_{折} + t_{基}$$

式中：$t_{往旅}$——机车自基本段所在站至折返段所在站的旅行时间，h；

$t_{返旅}$——机车自折返段所在站至基本段所在站的旅行时间，h；

$t_{折}$——机车折返停留时间，h；

$t_{基}$——机车在基本段办理必要作业需要的时间，h。

5. 货运机车需要台数（$M_货$）

货运机车需要台数是指一个机务段或一个区段、铁路局集团公司一昼夜内完成规定的牵引任务所使用的货运机车台数。其计算公式为：

$$M_货 = K_需 \left(n_货^图 + n_双 \right)$$

式中：$K_需$——机车需要系数，指每担任一对列车牵引任务平均需要的机车台数，其值为：

$$K_需 = \frac{\theta_全}{24}$$

$n_货^图$——列车运行图规定的各种货物列车对数；

$n_双$——双机牵引的列车对数。

一个区段的货运机车需要台数，在编制机车周转图后可以直接查出。其方法是，在机车周转图的任一时刻画一竖线，列车运行线和机车在两端站的折返交路线与该竖线相交的次数，即为机车需要台数。

6. 机车日车公里（$S_机$）

机车日车公里是指每台货运机车（不包括补机）在一昼夜内走行的公里数。计算公式如下：

$$S_机 = \frac{\sum S_本 + \sum S_重 + \sum S_单}{M_货}$$

式中：$\sum S_本$——本务机车走行公里，km；

$\sum S_重$——重联机车走行公里，km；

$\sum S_单$——单机走行公里，km。

机车日车公里是反映机车流动程度的指标。机车日车公里越大，即平均每台机车每天走行公里越多，则机车所完成的运输任务就越多，机车的运用成绩也就越好。

以上几项与机车运用有关的指标（包括机车全周转时间、技术速度及机车日车公里等），都可以按包括小运转和不包括小运转分别计算。

知识点2 列车运行图编制质量的检查

列车运行图全部编完后，必须对列车运行图编制质量进行全面检查。检查的主要内容有：

① 列车运行图铺画的客货列车数是否符合规定的任务；

② 列车运行图的铺画是否符合规定的各项时间标准，列车的会让是否合理，在中间站停留会让的列车数是否超过该站现有的到发线数；

③ 摘挂列车的铺画是否满足区段管内货物列车铺画方案的要求；

④ 机车乘务组连续工作时间和机车在折返段所在站的停留时间是否符合规定的时间标准；

⑤ 在列车运行图上预留的施工"空隙"是否满足施工需要；

⑥ 铁路局集团公司间分界站的列车衔接是否合适，一昼夜内各阶段的列车到发密度是否大体均衡。

知识点 3 实行新图前的准备工作

列车运行图编制完毕后，应经国铁集团批准并规定全路统一实行新图的日期。为保证新图能按时正确地实行，必须组织有关员工认真学习新图，制定保证实现新图的措施，并在实行新图前按时做好下列各项准备工作：

① 发布有关实行新图及列车编组计划的命令；

② 印制并颁布列车运行图及列车运行时刻表；

③ 公布新旧旅客列车交替办法及注意事项；

④ 根据新图的规定，组织各站修订《站细》中有关部分；

⑤ 及时做好机车、客车底和乘务员的调整工作；

⑥ 有关铁路局集团公司共同召开分界站会议，拟定保证实现新图的措施。

任务 1.5　用计算机编制列车运行图

1.5.1　拟完成的任务

将学生分为若干组。根据所编制的列车运行图，使用计算机完成列车运行图的编制。

1.5.2　任务目的

① 了解计算机编图的工作步骤。

② 明确计算机编图系统的各种功能。

1.5.3　所需设备

相关学习视频。

1.5.4 相关配套知识

知识点 1 我国铁路计算机编图工作的步骤

① 编图前的准备阶段。主要工作内容包括客货列车行车量的确定、列车运行图各要素时间标准的确定，以及相关编图基本数据的收集等。

② 编制旅客列车运行图阶段。主要工作内容是编制直通列车客车方案图，在该方案图的基础上编制直通客车运行详图。

③ 编制货物列车运行图阶段。主要工作内容是在旅客列车运行图的基础上，铺画货物列车运行图。

④ 新图实施前的准备阶段。

知识点 2 计算机编图系统的功能

计算机编制列车运行图是一项以计算机网络为依托，面向具有网状线路的铁路局集团公司，甚至全路，既庞大又复杂的研究课题。它包括大量基础数据的准备和数据结构、数据管理系统、客车方案的制定，列车运行图的编制和调整，机车和客车车底周转图的编制，列车运行图编制质量审查和评价指标的统计、分析，列车运行图技术文件输出等功能系统，其中列车运行图编制是核心和技术关键。

计算机编图系统包括 9 大子系统，各子系统既相互独立又有机结合，是互为关联的统一整体。9 大子系统具体如下：

① 牵引计算运行模拟子系统；

② 编图数据库管理子系统；

③ 客车方案编制子系统；

④ 客车运行详图编制子系统；

⑤ 货物列车运行图编制子系统；

⑥ 列车运行图生成及指标分析与评估子系统；

⑦ 机车周转图及车底周转图生成子系统；

⑧ 铁路区间通过能力管理信息系统；

⑨ 网络监控与决策支持子系统。

任务 1.6 提升铁路通过能力

1.6.1 拟完成的任务

提升铁路通过能力，可以提升铁路运输在运输市场的竞争力。而加强铁路运输组织，是提升铁路通过能力的有效措施。本任务理论学习完成后，回答以下问题：

① 加强铁路通过能力的措施有哪些？
② 通过哪些方式可以提高列车质量？
③ 通过哪些方式可以增加行车密度？
④ 通过哪些方式可以提高列车速度？

1.6.2 任务目的

① 了解提升铁路通过能力的方法。
② 掌握提高铁路通过能力的措施。

1.6.3 所需设备

相关学习视频。

1.6.4 相关配套知识

为了适应国民经济发展的需要，铁路应及时、有计划地采取提升通过能力的措施。而提升铁路通过能力的时机，主要是根据需要通过能力和现有通过能力的水平来确定。需要通过能力是根据需要的客货行车量并考虑一定的后备能力通过计算得到的，其计算公式为：

$$N_{需} = (n_{货} + \varepsilon_{客}n_{客} + \varepsilon_{摘}n_{摘} + \varepsilon_{快}n_{快})(1 + \gamma_{备})$$

式中：$n_{货}$——直达、直通、区段等一般货物列车对数或列数；

$\gamma_{备}$——后备系数，是根据铁路运输需要保持一定后备能力而规定的，我国铁路规定单线为 20%，双线为 15%。

提升铁路通过能力的措施多种多样，归纳起来可划分为技术组织措施和改建措施两大类。凡是通过改进行车组织方法，或只需要少量投资，就能使通过能力达到需要水平的，均属技术组织措施。凡是需要国家大量投资，通过改建或新建铁路技术设备来提升铁路通过能力的，均属改建措施。在提升铁路通过能力时，应首先着眼于挖掘现有铁路的运输潜力，但同时也应有计划地对现有铁路逐步进行技术改造，以便更好地适应国民经济日益发展的需要。现阶段，我国提升铁路通过能力的措施主要包括提高列车重量、增加行车密度、提高行车速度。

知识点 1 提高列车重量

1. 提高列车重量的效果及列车重量标准

提高列车重量，不仅是一个增加以吨数计的铁路通过能力的最有效的措施之一，也是改善铁路工作运营指标和降低运输成本的重要手段。当线路的平纵断面不改变、货流和车流结构一定时，货物列车牵引重量主要受机车类型（机车牵引力）和站线有效长度的制约。

如按一定类型机车的牵引力规定列车重量标准，可以保证机车得到最好的利用，但也可能使到发线长度未能充分利用，还可能因此而增加行车量；如按站线长度和列车每延米平均重量来确定列车重量标准，可以保证最小的行车量，但这种列车并不是总能选到最合适功率的机车来牵引。

2. 划一重量标准和差别重量标准

1）划一重量标准

通常，一个铁路方向上的各区段，由于纵断面条件和技术装备的不同，如果各个区段分别规定各自的最有利列车重量标准，那么，跨越几个区段的远程直达、直通列车，势必在各区段的交界——区段站或编组站上，需经常变更重量，进行增减轴作业。因此，在直通货流很大的方向上，应实行统一的列车重量标准。

为实现统一的列车重量标准，常常采用提高限制区段列车重量的技术组织措施，甚至改建措施，其中主要有：利用动能闯坡；在限制列车重量的区间采用补机或多机牵引，也可采用大功率机车。这些措施有时需结合使用。

（1）利用动能闯坡

利用动能闯坡是提高列车重量的一种辅助措施。

货物列车牵引重量，是按机车在牵引区段内的最困难的上坡道上以计算速度匀速运行的条件进行计算的。用来计算牵引重量的上坡道的坡度，称为计算坡度或限制坡度。

为了提高列车重量，在丘陵地区纵断面起伏较大的线路上，有时规定列车在进入计算坡道的区间前不停车通过车站，以便列车在大于计算重量的条件下，利用动能闯过计算坡道而不使列车速度降低到计算速度以下。利用动能闯坡，在线路纵断面起伏较大的丘陵地区，列车牵引重量可提高 20% 左右。

（2）采用补机或多机牵引

采用补机或多机牵引，是提高列车重量和同一方向列车重量标准的有效措施。在地形变化较大的线路上，如陡坡地段长而集中，全线牵引重量受陡坡地段的限制，则在陡坡地段采用补机或多机牵引，这样不仅可以提高全线列车牵引重量，从而提高区间通过能力，而且由于减少了全线各区段的行车量，一般还可以节省运用机车台数，减少燃料消耗和乘务组定员。因此，在这些线路上采用补机和多机牵引来加强通过能力，是一种经济有效的措施。

当限制列车重量的陡坡区间比较集中时，采用补机一般是有利的。但当陡坡区间较多且较分散时，就应当考虑在全区段组织多机牵引。采用多机牵引时，通常都是双机牵引，只有在个别情况下，才采用多机牵引。

多机牵引可采用下列两种形式。

① 重联牵引。按照《技规》关于货物列车编组的规定，将车辆编成规定重量的列车，两台机车重联牵引；

② 多列合并。两个或三个列车不加任何改变地合并运行，后一列车的机车与前一列车尾部相连接，构成所谓的组合列车。开行组合列车，既可作为提高列车重量的措施，又可作为快速疏散因"施工天窗"所积压列车的临时措施。

2）差别重量标准

除统一重量标准外，有时还采用如下几种差别重量标准。

① 区间差别重量标准。主要用于摘挂列车，其特点是对每一区间按其平纵断面情况分别规定不同的重量标准，以减少摘挂列车开行对数，增加区间通过能力。

② 区段差别重量标准。对于未实行统一重量标准，或只对某些直达列车实行统一重量标准的铁路方向，各区段仍按本区段的具体条件规定该区段的列车重量标准。

③ 平行重量标准。当铁路干线和支线的列车重量标准不同时，通常应规定直通轴在支线衔接站进行增减轴作业。这样，在变重站就需要把与直通轴去向相同的车流变成补轴车组，或将摘下的车流编组成统一到站的列车，但由此将产生额外的车辆集结时间和调车工作消耗。如无适当车流补轴，还可能需要将部分直达列车提前解体以供补轴之用，从而大大降低了直达运输的效果。为了避免由于变重而导致上述损失，当欠轴距离不长或其运行方向恰是有单机运行的方向时，则可规定由支线开来低于干线统一重量标准的列车（主要是始发直达列车）不在干支线衔接站增重，仍以原编组重量在干线上继续运行，这种列车重量标准称为平行重量标准（不按欠轴统计）。

3）牵引动力现代化

牵引动力现代化是铁路现代化的中心环节，其主要标志为发展电力、内燃牵引。通过牵引动力改革，依靠科技进步来大幅度增加铁路运输能力，这是提高运输效率和经济效益的最佳策略。

4）采用大型货车

列车重量是根据铁路固定设备的质量（线路平纵断面、结构强度、站线有效长度等），移动设备的数量和质量（机车的功率、制动力，货车每延米重量、车钩强度、制动系统功率等），以及运输组织方法等多种因素综合确定。在线路平纵断面确定不变的前提下，机车功率配备、站线有效长度和货车每延米平均重量三者互相匹配，才能求得最佳列车重量标准。

当到发线有效长度为 850，1 050，1 250 m 时，列车平均牵引总重会随货车每延米平均重量的增大而发生变化，因此可通过增加货车每延米平均重量来充分发挥到发线有效长的潜力，增加列车重量，扩大运输能力。也就是说，为了在既有线上大幅度提高货物列车重量，应大力发展和采用大型货车。

发展大型货车的可行办法有两种，一是增加轴数，二是增加轴重。采用多轴货车，可在不增加轴重的前提下提高载重量，并大幅度提高货车每延米平均重量以增加运能。但多轴货车重心偏高，结构复杂，检修困难，且不宜使用铁鞋制动，与货物站台及翻车机高度不配套，不太实用。提高货车轴重，车辆本身技术问题较易解决，制造和维修所需条件也较易实现，卸车和计量设备也能适应，因而较为可行。例如，目前 60 t 级四轴货车，其轴重大多为 21 t，若将其轴重增加到 23 t 或 25 t，则是比较理想的。

5）组织重载运输

重载运输是指在先进的铁路技术装备条件下，扩大列车编组、提高列车重量的运输方式。

（1）组织重载运输的条件

国际重载协会认为，重载铁路必须满足以下三条标准中的至少两条：

① 经常、定期开行或准备开行总重至少为 5 000 t 的单元列车或组合列车；

② 在长度至少为 150 km 的线路区段上，年计费货运量至少达 2 000 万 t；

③ 经常、正常开行或准备开行轴重 25 t 以上（含 25 t）的列车。

（2）重载运输的模式

按重载列车的作业组织方法区分，铁路重载运输有以下三种模式。

① 单元式重载列车。把大功率机车双机或多机与一定编成辆数的同类专用货车固定组成一个运输"单元"，并以此作为运营计费的单位。机车操纵采用无线遥控同步运转系统，运送的货物品种单一，在装、卸站间往返，循环运行，中途列车不拆散，不进行改编作业，机车车辆固定编挂位置，车底固定回空，两端车站装卸设备配套，是装、运、卸"一条龙"的运输组织形式。

② 组合式重载列车。由两列及以上同方向运行的普通货物列车首尾相接、合并组成的列车。机车分别挂于各自的货物列车首部，由最前方货物列车的机车担任本务机车，运行至前方某一技术站或终到站后，分解为普通货物列车。它实质上是在线路通过能力紧张的区段，利用一条运行线行驶两列及以上的普通货物列车的一种扩大运输能力的方式。

例如，苏联铁路客货混用，列车数量多，行车密度大，运能与运量的矛盾比较突出，为扩大运输能力、挖掘设备潜力，组织开行超重、超长列车或组合式重载列车，于1986年成功地试验开行了由 4 列重载列车组成的总重 43 407 t 的超级重载列车。

③ 整列式重载列车。由大功率单机或多机重联牵引，列车由不同形式和载重的货物车辆混合编组，达到规定重载标准（牵引重量达到 5 000 t 及以上）的列车。目前，我国繁忙干线上开行的重载列车主要为这种模式。

知识点 2 增加行车密度

增加行车密度是提高铁路通过能力的中心环节。增加行车密度，投资少，见效快，在客货共线条件下以及在非常时期，效果特别显著。因此，在研究提高铁路运输能力问题时，一般都把增加行车密度作为优先采用的措施，当行车密度接近饱和时，再转为以提高列车重量为主的策略。增加行车密度主要可通过缩短车站间隔时间、缩短区间长度和增加区间正线数量等途径来实现。

1. 缩短车站间隔时间

缩短车站间隔时间，重点是要缩短与邻接车站办理行车联络手续的时间，缩短布置、准备和检查接发车进路的时间，以及缩短办理接发车作业其他项目的时间。为此，需要采用先进的信号、联锁、闭塞设备，这不仅能缩短车站间隔时间，组织列车追踪运行和实现列车不停车交会，而且可以保证行车安全，改善劳动条件，减少行车工种定员，也是实现铁路现代化、提高区间和车站通过能力、改善运输工作指标的重要措施。

2. 缩短区间长度

1）增设会让站

增设会让站可以缩短限制区间长度，缩小列车运行图周期，从而达到提高铁路通过能力的目的。增设会让站的效果，在很大程度上取决于区间的均等程度和地形条件。但是缩短区间长度是有一定限制的。在地形困难的线路上，增设会让站往往受地形限制。在地形平坦的线路上，也受区间最短距离、调度指挥方面的可能性，以及列车交会停站次数的增多、旅行速度的降低引起的运营支出的增加等因素的影响。

2）向限制区间方向延长站线

单线区段限制区间两端车站向限制区间方向延长站线，可以缩短限制区间长度、缩短车站间隔时间，在一定条件下还可组织列车不停车交会，这有助于提高列车重量标准，从而可以提高铁路通过能力。这一措施的缺点主要是铁路通过能力提高的幅度不大，而且对相邻区间有不利影响，因而多数情况下要与其他措施结合起来。

3. 增加区间正线数量

修建双线可以大幅度提高铁路通过能力和旅行速度。在货流增长速度较快或在全国铁路网中居于重要地位的干线，在通过能力出现紧张之前，应有预见地采取修建双线的措施。但是，由于修建双线需要大量投资、大量劳力和材料，工期较长，而且一般须在整个双线工程完成后，才能获得应有的效果。因此，除了货流增长速度很快，并且整个区段能于短期内完成双线铺轨工程的线路外，一般修建双线应分阶段逐步进行。

单线向双线过渡有两种方法：一是从限制区间开始，分阶段在部分区间修建双线；二是修建双线插入段。

知识点 3 提高行车速度

1. 提高货物列车运行速度

在大力提高货物列车重量的同时，适当提高货物列车运行速度，是铁路运营工作的主要任务之一。提高列车运营速度，可以减少列车占用各项铁路设备，如区间、咽喉、到发线的时间，从而提高铁路通过能力。提高货物列车运行速度，可以加速机车车辆周转，从而减少所需机车车辆及乘务组数量，还可以加速货物送达，从而加速国民经济中流动资金的周转，产生巨大的经济效益和社会效益。

提高货物列车运行速度，可以通过提高机车牵引工况下的速度、提高最大容许速度和降低基本阻力三个方面来达到。

2. 提高旅客列车运行速度

提高旅客列车运行速度包括提高列车最高运行速度，提高列车起动、停车或调速制动速度，提高列车通过道岔速度、下坡道制动限制速度和上坡道平均速度等，这一系列旨在提高技术速度的措施，与铁路牵引动力、车辆、列车制动和线路等技术装备条件密切相关。

3. 修建高速铁路

高速铁路具有运达速度高、污染小、安全可靠、占地少、运输效率和经济效益好的特点。旅客运输高速化是铁路现代化的一个显著标志，是世界各国铁路发展的基本趋势，也是我国今后经济、社会发展的必然要求。

通常，旅客列车最高速速大致可分为五个等级，即特高速，400 km/h 以上；高速，200～400 km/h；准高速，160～200 km/h；中速，120～160 km/h；常速，100～120 km/h。

高速铁路的线路建设，基本上可分为改造既有铁路线和修建高速客运专线两种模式。

① 改造既有铁路线模式。对既有线进行改造，采取新型的上部建筑和无缝线路，对小半径曲线进行取直，使其符合规定的高速要求，运营上实行客货共线运行。

② 新建高速客运专线模式。高速客运专线可以远离既有线修建，与既有线车站没有任何联系；也可以沿既有线修建，与既有线某些大站相衔接。

【项目考核】

1. 理论考核

完成以下题目，获得理论考核分数，满分为 40 分。

1）单项选择题

（1）在铁路实际工作中，通常把通过能力区分为三个不同的概念，即现有通过能力、需要通过能力和（　　）。

    A. 设计通过能力   B. 预计通过能力

    C. 预测通过能力   D. 决策通过能力

（2）铁路运输能力包括通过能力和（　　）。

    A. 运送能力   B. 输送能力   C. 改编能力   D. 生产能力

（3）在计算某种运输设备的通过能力时，在作业性质复杂、种类繁多的情况下一般采用（　　）。

    A. 图解法   B. 分析法   C. 直接计算法   D. 利用率计算法

（4）铁路通过能力的计算单位可以表示为车辆数、货物吨数或（　　）。

    A. 列车速度   B. 列车对数   C. 机车速度   D. 机车台数

（5）一般情况下，通过能力（　　）。

    A. 大于输送能力   B. 小于输送能力

    C. 大于或等于输送能力   D. 小于或等于输送能力

（6）车站通过能力主要取决于（　　）。

    A. 到发线数量   B. 正线数目   C. 到发线长度   D. 正线长度

（7）铁路运输能力也就是铁路（　　）。

    A. 计算能力   B. 全部能力   C. 最终能力   D. 生产能力

（8）$T_周$最大的区间是（　　）。

    A. 最大区间   B. 困难区间   C. 限制区间   D. 最长区间

（9）连发间隔时间的作业是发生在（　　）。

    A. 同一个车站上   B. 同一区间的两端车站上

C. 同一个区段上　　　　　　　　　　D. 同一区段的两端车站上

（10）平行运行图可以提供最大的通过能力，但在客货共线的铁路上一般并不采用，而普遍采用的是（　　　）。

A. 平行运行图　　　　　　　　　　　　B. 非平行运行图

C. 连发运行图　　　　　　　　　　　　D. 追踪运行图

（11）不同时到开间隔时间的作业是发生在（　　　）。

A. 同一个车站上　　　　　　　　　　　B. 同一区间的两端车站上

C. 同一个区段上　　　　　　　　　　　D. 同一区段的两端车站上

（12）列车不停车通过区间两端车站时所需的运行时分称为（　　　）。

A. 起通运行时分　　　　　　　　　　　B. 通停运行时分

C. 起停运行时分　　　　　　　　　　　D. 区间纯运行时分

（13）下列哪项措施能提高区间通过能力（　　　）。

A. 区间长度增大　　　　　　　　　　　B. 线路坡度增大

C. 使用大型机械进行线路整修　　　　　D. 增加区间正线数目

（14）区间通过能力的计算应开始于（　　　）。

A. 限制区间　　　B. 困难区间　　　C. 最大区间　　　D. 最小区间

（15）在客货运输密度均较大的干线上，宜采用的重载列车模式是（　　　）。

A. 整列式　　　　B. 组合式　　　　C. 超轴式　　　　D. 单元式

（16）发展大型货车的可行办法有两种，或是增加轴数或是（　　　）。

A. 减少轴重　　　B. 增加轴重　　　C. 增加长度　　　D. 增加宽度

（17）为了大幅度缩减同方向列车间隔时间，显著提高区间通过能力，可以组织（　　　）。

A. 列车成队运行　　　　　　　　　　　B. 列车加速运行

C. 列车连发运行　　　　　　　　　　　D. 列车追踪运行

（18）除划一重量标准外，有时还采用区间差别重量标准、区段差别重量标准和（　　　）。

A. 线路重量标准　　　　　　　　　　　B. 方向重量标准

C. 区域重量标准　　　　　　　　　　　D. 平行重量标准

（19）在既有线上提高货物列车重量主要应发展（　　　）。

A. 特种货车　　　B. 大型货车　　　C. 专用货车　　　D. 轻型货车

（20）同时增加列车重量和行车量的措施主要是（　　　）。

A. 实行多机牵引　　　　　　　　　　　B. 采用内燃和电力牵引

C. 开行组合列车　　　　　　　　　　　D. 采用补机推送

（21）提高运行速度可以通过三个方面来达到，即：提高机车牵引工况下的速度、提高最大容许速度和（　　　）。

A. 开行续行列车　　　　　　　　　　　B. 降低基本阻力

C. 修建双线　　　　　　　　　　　　　D. 缩短区间长度

（22）增加行车密度的主要途径在于提高货物列车运行速度、缩小列车间隔时间、缩短区间长度以及（　　　）。

  A. 增加区间正线间距　　　　　　　B. 增加站内正线间距

  C. 增加区间正线数目　　　　　　　D. 增加站内正线数目

（23）货物列车牵引重量标准，是按机车在牵引区段内的何种上坡道上以计算速度作等速运行的条件下计算出来的（　　　）。

  A. 最陡　　　　　　B. 最长　　　　　　C. 最困难　　　　　　D. 最陡长

（24）单线向双线过渡可有两种方法，一是修建双线插入段，二是分阶段在部分区间（　　　）。

  A. 修建分流线　　　B. 修建过渡线　　　C. 修建双线　　　D. 修建第三线

（25）当线路平纵断面不改变、货流和车流结构一定时，货物列车牵引重量主要受制于机车类型和（　　　）。

  A. 正线数目　　　　B. 到发线数目　　　C. 站线有效长　　　D. 站线全长

（26）如陡坡地段长而集中，全线牵引重量受此陡坡地段限制，则在此地段宜采用（　　　）。

  A. 补机推送　　　　B. 动能闯坡　　　　C. 多机牵引　　　　D. 大功率机车

2）多项选择题

（1）下列属于铁路固定设备的有（　　　）。

  A. 燃料　　　　　B. 桥隧　　　　　C. 信号　　　　　D. 线路　　　　　E. 供电设备

（2）下列属于铁路活动设备的有（　　　）。

  A. 信号　　　　　B. 车辆　　　　　C. 机车　　　　　D. 燃料　　　　　E. 电力

（3）决定铁路区段通过能力的固定技术设备有（　　　）。

  A. 区间　　　　　　　　　　　　B. 车站

  C. 机务段设备　　　　　　　　　D. 整备设备

  E. 供电设备

（4）下列哪些措施能减少技术作业停站时间对区间通过能力的影响（　　　）。

  A. 将技术作业停车站设在一个运行时分最小的区间所相邻的车站

  B. 采用移动周期法

  C. 规定最小的列车技术作业停站时间标准

  D. 将允许同时接车的车站规定为技术作业停车站

  E. 将上下行列车的技术作业停站分别规定在两个车站上

（5）下列不能提高区间通过能力的措施有（　　　）。

  A. 增大区间线路曲线半径

  B. 线路坡度增大

  C. 使用大型机械进行线路整修

  D. 增加区间内正线数目

  E. 区间长度增长

（6）下列哪几项是提高货物列车重量的措施（　　　）。

  A. 增加以吨数计的铁路通过能力　　　B. 降低运输成本

C. 减少机车使用台数和能源消耗　　D. 缩短区间长度

E. 减少开行的货物列车数

（7）在提高铁路通过能力和输送能力的途径中，下列不属于增加行车密度的措施有（　　）。

A. 延长到发线有效长度及降低限制坡道

B. 减少扣除系数

C. 采用内燃牵引和电力牵引

D. 调整机型，使用大功率机车

E. 采用大型货车

（8）下列能缩短列车间隔时间的措施有（　　）。

A. 采用大功率机车

B. 缩短与邻接车站办理行车联络手续的时间

C. 组织列车追踪运行

D. 缩短货物列车追踪间隔时间

E. 采用电话闭塞

3）名词解释

（1）列车运行图。

（2）划一重量标准。

（3）通过能力。

（4）动能闯坡。

4）简答题

（1）简述列车运行图的意义及其在铁路运输工作中的作用。

（2）简述列车运行图坐标表示方法和车站中心位置的确定方法，以及各种时分格运行图时分的填写方法。

（3）简述列车运行图的分类方法。

（4）列车运行图由哪些基本要素组成？

（5）列车区间运行时分是怎样确定的？

（6）简述机车在基本段和折返段所在站停留时间的含义及其组成时间因素，这两项时间有何不同？

（7）何谓车站间隔时间？影响车站间隔时间的主要因素有哪些？

（8）简述 $\tau_{不}$、$\tau_{会}$、$\tau_{连}$、$\tau_{到发}$、$\tau_{发到}$ 的含义及查定计算方法，哪些车站应查定这些车站间隔时间？

（9）什么是追踪列车间隔时间？分几种？各如何确定？

（10）如何确定旅客列车和货物列车之间的追踪列车间隔时间？

（11）铁路通过能力和铁路输送能力之间的关系是什么？

（12）决定铁路区段通过能力的固定技术设备及其主要因素是什么？

（13）什么是 $\tau_{不}$？画出示意图。

（14）什么是 $\tau_{会}$？画出示意图。

（15）铁路区间通过能力的影响因素有哪些？

（16）什么是追踪运行和 $\tau_{追}$？画出示意图。

（17）简述列车运行图的编制程序。

（18）编制客车运行方案主要应解决哪些问题？如何解决这些问题？

（19）为什么要编制货物列车运行方案图？在什么情况下可不编方案图？为什么？

（20）编制货物列车运行方案图要解决哪几方面问题？如何解决这些配合问题？

（21）铺画列车运行图详图时，一般应注意解决哪些问题？如何实现这些要求？

（22）何谓分号运行图？为什么要编制分号运行图？分号运行图有哪几种？各适用于什么条件？

2. 实践考核

完成以下任务，获得实践考核成绩，满分为 40 分。

（1）画出单线半自动闭塞 d—e 区间的成对非追踪运行图周期，并计算其通过能力。资料如下：区间运行时分，上行（由 e 至 d）18 min，下行 17 min；所有列车都在 d 站停车，列车在 e 站会车时，上行列车通过，下行列车停车；起停车附加时分，$t_{起}=t_{停}=1$ min；车站间隔时间，$\tau_{不}=4$ min，$\tau_{会}=2$ min。

（2）画出单线半自动闭塞 a—b 区间的不成对连发运行图周期，并计算其通过能力。资料如下：下行方向（由 a 至 b）为行车量大的优势方向，不成对系数 $\beta_{不}=n'/n''=2/3$；起停车附加时分，$t_{起}=2$ min，$t_{停}=1$ min；列车区间运行时分，上行 20 min，下行 16 min；列车在车站会车时，下行列车通过 a、b 站不停车；车站间隔时间，$\tau_{不}=4$ min，$\tau_{会}=2$ min，$\tau_{连}=4$ min。

3）素质考核

通过考核以下项目，获得素质考核成绩，满分为 20 分。

本项目的考核成绩表见表 1–8。

表 1–8 项目 1 考核成绩表

	题号	总分	得分	亮点
1. 理论考核	单选题	13 分		
	多选题	8 分		
	名词解释	8 分		
	简答题	11 分		
2. 实践考核	综合技能题	40 分		
3. 素质考核	出勤情况	5 分		
	课前预习情况	5 分		
	课堂表现	5 分		
	任务完成情况	5 分		
总分：			教师签名：	

项目 2　列车运行调度指挥

【项目描述】

　　铁路运输调度工作是整个铁路运输组织过程中不可缺少的核心组成部分，在培养铁路运输职业技术人才方面起着十分重要的作用。通过本项目的学习，使学生初步掌握铁路运输调度人员所必须具备的基本知识和基本技能，为以后从事调度工作奠定基础。

【教学目标】

1.　知识目标

　　① 了解铁路运输各级调度组织机构的设置、基本任务和作业程序。
　　② 了解行车指挥自动化的概念、主要设备及功能。
　　③ 熟练掌握车流调整、列车运行调整计划编制和调整的方法，能够编制铁路局集团公司调度日（班）计划，并进行调度工作分析。

2.　能力目标

　　对铁路运输调度工作有一定的认识，并初步具有铁路运输调度的组织、协调、指挥能力。

任务 2.1 铁路运输调度工作

2.1.1 拟完成的工作任务

通过多媒体设备展示视频及图片，明确各级调度组织机构及调度系统的设置方式，掌握各级调度的职责范围。

2.1.2 任务目的

① 明确调度机构的设置及职责范围。
② 掌握各级调度的基本工作制度，尽可能在以后的工作中做到内化于行。

2.1.3 所需设备

多媒体播放设备（主要展示调度岗位树状图）。

2.1.4 相关配套知识

知识点 1 调度机构及职责范围

铁路运输调度机构是铁路日常运输组织的指挥中枢，代表各级领导组织指挥日常运输工作。它通过编制与执行日常工作计划，对铁路运输有关部门、各工种进行调度指挥，组织客货运输，保证安全高效地完成各项运输工作任务。

1. 铁路运输调度的基本任务

① 认真贯彻执行国家运输政策，完成国家规定的旅客和货物运输任务。
② 正确编制和执行运输工作日常计划。
③ 根据运输市场的变化，科学合理地组织客流和货流，均衡运输效率，经济合理地使用机车车辆和其他运输设备，提高运输效率和效益。
④ 在确保安全的基础上，完成和超额完成各项经济指标和技术指标。
⑤ 坚持一卸、二排、三装的运输组织原则，组织按图行车，实现编组计划和列车运行图的要求。

2. 各级调度组织机构的设置

1）调度机构的设置

铁路运输调度机构是运输生产的指挥中枢，实行"分级管理、集中统一指挥"的原则。中国国家铁路集团有限公司（下文简称国铁集团）运输调度部设调度处，各铁路局集团公司设调度所，技术站（编组站、区段站）设调度室。

国铁集团运输调度部、铁路局集团公司调度所、技术站调度室分别代表国铁集团总经理、铁路局集团公司总经理、车站站长，根据"分级管理、集中统一指挥"的原则，分别掌管全国铁路、铁路局集团公司和车站的日常运输组织指挥工作。

国铁集团运输调度部调度处设值班处长、调度员；铁路局集团公司调度所设值班主任（必要时可设值班副主任）、主任调度员、调度员；技术站设值班站长（值班主任）、车站调度员（设调度室的技术站应设室主任、副主任）。

国铁集团运输调度部调度处值班处长、铁路局集团公司值班主任、车站值班站长（值班主任）分别领导一班工作。在组织日常运输工作中，下级调度必须服从上级调度的指挥；国铁集团、铁路局集团公司各工种调度及有关人员分别由值班处长、值班主任统一组织指挥。

铁路局集团公司调度统一指挥协调车站和各单位完成班工作任务，车站值班站长（值班主任）统一指挥技术站运输工作，车站调度员统一指挥完成阶段计划任务。

国铁集团运输调度部、铁路局集团公司、车站应根据调度的工作量配置班制，主要调度工种全路统一实行四班制（国铁集团运输调度部有特殊要求的除外）。

在各级调度机构中，为了便于对运输生产过程进行全面的指挥和监督，按照业务的分工，可设置若干不同职名的调度员分别负责一定的工作。

2）铁路局集团公司调度所的组织系统

铁路局集团公司调度所内，一般设有货运调度员、计划调度员、列车调度员、特运调度员、机车调度员、供电调度员、预确报调度员、篷布调度员、分析调度员、客运调度员、车辆检测员。

铁路局集团公司调度所的调度组织系统如图 2-1 所示。

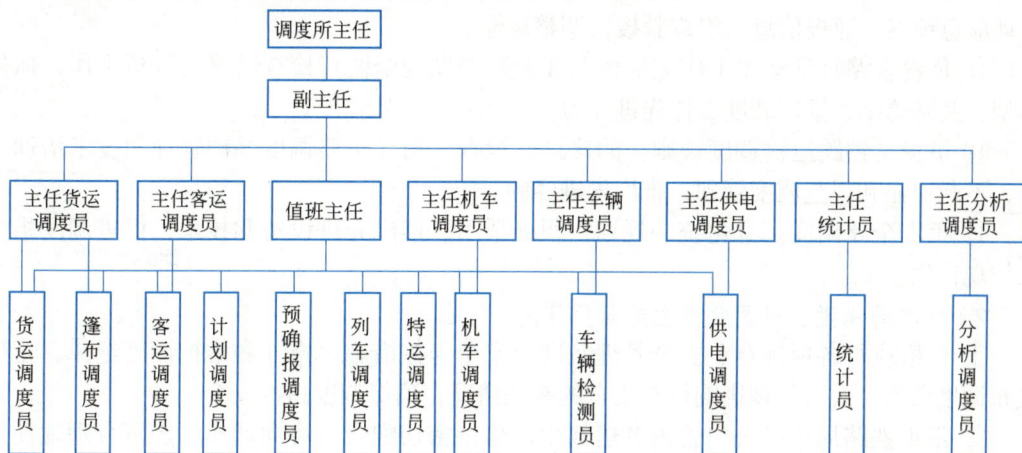

图 2-1　铁路局集团公司调度所的调度组织系统

3. 各级调度工作主要职责范围

1）国铁集团运输调度部主要职责范围

① 依法对铁路局集团公司调度安全指挥进行监督管理和监督检查工作。维护调度纪律，正确发布调度命令，检查各铁路局集团公司调度执行国铁集团调度命令和规章制度的情况，对违令、违章造成不良后果的单位和人员进行通报批评并提出处理意见。

② 负责全路日常客运、货运和车流组织工作。组织各铁路局集团公司有计划、及时地输送旅客，平衡各铁路局集团公司货车保有量，经济合理地使用机车车辆，充分利用通过能力及运输设备，挖掘运输潜力，提高运输效率和效益。

③ 编制和下达全路调度轮廓计划和日（班）计划，督促、检查各铁路局集团公司按日（班）计划均衡地完成运输生产经营任务。

④ 监督检查各铁路局集团公司按列车编组计划编车、按列车运行图行车、按运输生产经营计划组织运输，督促、组织各铁路局集团公司按国铁集团批准的计划均衡地完成铁路局集团公司间分界站列车、车辆交接任务，及时处理铁路局集团公司间分界站出现的问题，实现铁路局集团公司间分界口畅通。

⑤ 掌握全国重点用户、港口和车站的装卸车，搞好与路外单位的协作。

⑥ 掌握旅客、军运及重点列车的始发运行情况；处理跨铁路局集团公司旅客列车的加开、停运、变更径路、客车甩挂，根据需要临时调拨客车、动车组。

⑦ 负责审批日常Ⅰ级施工和繁忙干线国铁集团管理的施工项目日计划，组织各铁路局集团公司兑现施工日计划，做好施工期间的分界口车流调整工作。

⑧ 负责全路抢险救灾物资、人员运输组织工作，跟踪掌握输送情况。

⑨ 按阶段收取各铁路局集团公司调度工作报告，检查日常运输工作完成情况。

⑩ 掌握国铁集团备用货车，批准国铁集团备用货车的备用、解除，检查各铁路局集团公司对备用货车的管理情况。

⑪ 负责全路专用货车的统一调整，军运备品和集装箱的回送，篷布的运用和备用、解除。

⑫ 检查、通报安全情况，及时收取、掌握铁路交通事故、自然灾害等突发事件信息，启动应急预案，通报信息，组织救援，调整运输。

⑬ 负责全路日常运输工作完成情况和全路调度安全监督检查情况的分析工作，抓好典型，及时总结、推广调度工作先进经验。

⑭ 负责《铁路运输调度规则》的修订，检查、指导全路调度基础管理和技术培训工作，不断加强和规范调度管理，推广先进经验。

⑮ 负责全路调度信息化统一规划，积极采用、推广先进设备和技术，促进调度指挥工作现代化。

2）铁路局集团公司调度所主要职责范围

① 严格执行各项规章、安全管理制度和安全卡控措施，遵守和维护调度纪律，正确发布调度命令，及时处理影响行车安全的有关情况，确保调度指挥安全。

② 组织铁路局集团公司管内各运输生产单位密切配合、协同动作，经济合理地使用机车车辆，充分利用运输能力，挖掘运输潜力，压缩运输成本，提高运输效率和效益，完成运输生产经营任务。

③ 负责编制和下达铁路局集团公司调度日（班）计划，并组织各站段落实，提高计划兑现率。

④ 组织调整铁路局集团公司管内的货流、车流，按阶段均衡地完成国铁集团下达的车流调整计划和去向别装车计划，重点掌握排空、重点物资运输。

⑤ 按国铁集团批准的计划组织列车在分界站均衡交接，保证机车与列车的紧密衔接，保持与邻局的密切联系，向邻局做出正确的列车预报，及时协商、解决发生的问题，保证分界站畅通。

⑥ 负责组织和监控列车运行，重点掌握旅客、专运、军特运、超限超重、挂有装载危险货物车辆的重点列车，监督、检查车站按列车编组计划、列车运行图、运输生产经营计划和重点要求编发列车，实现按图行车。

⑦ 掌握铁路局集团公司管内各站和主要用户、港口装卸车，搞好与路外单位的协作。重点抓好大客户、路企直通、战略装卸车地点的运输组织工作，提高直达列车和成组装车比重，扩展运输能力。

⑧ 负责铁路局集团公司管内抢险救灾物资、人员运输组织工作，跟踪掌握输送情况。

⑨ 认真执行国铁集团备用货车的管理制度，严格掌握铁路局集团公司管内备用货车的备用、解除。

⑩ 掌握铁路局集团公司管内客车配属、客流变化、旅客列车开行情况，重点掌握动车组、特快旅客列车、国际旅客列车及跨铁路局集团公司重点旅客列车的运行情况；组织站段按计划、及时地输送旅客，组织铁路局集团公司管内旅客列车的临时加开、停运、迂回运输、编组、车辆甩挂和实施票额调整。

⑪ 负责铁路局集团公司管内专用货车的调整，军运备品和集装箱的回送，篷布的运用和备用、解除。

⑫ 负责编制、下达施工日计划，发布运行揭示调度命令、施工调度命令。协调组织施工按计划进行，确保施工期间行车安全。

⑬ 检查、通报各站段安全正点情况，及时收取、上报铁路交通事故、自然灾害等突发事件信息，启动应急预案。通报信息、组织救援、调整运输。负责调动救援列车或向国铁集团运输调度部请求调动跨铁路局集团公司的救援列车。

⑭ 及时收取、上报调度工作报告。

⑮ 检查各站段执行调度命令和规章制度的情况；对违令、违章的单位或人员，进行通报批评并提出处理意见。

⑯ 负责铁路局集团公司日常运输工作完成情况及调度安全工作情况分析，抓好典型，及时总结、推广运输生产先进经验。

⑰ 负责铁路局集团公司调度基础管理和技术培训，指导站段调度工作，不断加强和规范调度管理和队伍建设。

⑱ 负责配合铁路局集团公司有关部门实施铁路局集团公司调度信息化建设规划，积极采用、推广先进设备和技术，促进调度指挥工作现代化。

3）车站调度室主要职责范围

① 严格执行各项规章、安全管理制度和安全卡控措施，遵守和维护调度纪律，认真执行上级调度命令和指示，及时处理影响行车安全的有关情况，确保调度指挥安全。

② 掌握货源、货流、车流，根据铁路局集团公司下达的日（班）计划，正确编制和

组织实现车站的班计划和阶段计划，保证车站按列车编组计划和列车运行图编发列车，不间断地接发列车。

③ 经济合理地运用车站技术设备和能力，掌握调车机车运用，组织有关部门、单位密切配合，协同动作，按作业计划、技术作业过程和时间标准，完成编组和解体列车的任务，提高调车作业效率，加速机车车辆周转。

④ 及时收集到达列车预确报，掌握车流变化，正确推算现车和指标，按阶段向铁路局集团公司调度汇报车流和车站作业情况。

⑤ 组织旅客、军运、行邮列车、行包列车、"五定"班列、重载和重点货物列车的开行。

⑥ 主动与厂矿企业联系，及时预报车辆到达情况和取送车作业计划，掌握货位、装卸劳力情况，按计划均衡地完成装车和卸车任务，组织开行路企直通列车。组织新送（厂修）客车、货物作业车、检修车（修竣车）和专用车的取送，缩短待取、待送时间。

⑦ 当发生影响行车的事故时，积极组织救援，减小事故对行车的影响。

⑧ 正确、及时填画技术作业图表，并运用计算机等先进设备组织、指挥运输生产。

⑨ 认真分析考核车站日常作业计划的兑现情况和日常运输生产完成情况，及时向铁路局集团公司和车站领导报告。

知识点 2　调度基本工作制度

要不断提高调度指挥水平，更好地完成各项经营指标和技术指标，必须加强调度基础工作，建立各种调度工作制度，提高调度人员的综合素质。下面介绍调度基本工作制度。

1. 调度所管理制度

调度所管理制度包括安全、生产、施工、基础、培训管理等基本管理制度，并将基本管理制度纳入《调度所管理工作细则》，使调度人员日常组织指挥有法可依，有章可循，调度所日常工作须按照管理制度抓好落实。

1）调度所安全管理基本制度和办法

① 安委会、安全逐级负责、安全信息管理、安全检查监控、安全考核、安全分析等制度和调度命令。

② 军事运输、专特运、超限超重列车、自轮运转特种设备运行，工程路用列车开行，防止列车错放方向，接触网停送电安全卡控，防止乘务员超劳，试验列车，试运转列车，天气不良行车安全，新图实施，危及行车安全信息处置，应急预案等管理办法。

2）调度所运输生产基本管理办法

应包括车流调整、日（班）计划编制和实施、3～4 h 列车运行调整计划编制和实施、临时旅客列车开行组织、承认车、装卸车、排空、重点物资运输、挖潜提效（旅客列车正点组织、战略装车点和路企直通等直达列车组织、车种代用和杂型车使用管理等）、成本控制（控制违编、欠轴、单机走行，压缩中停时，大点车管理等）及工作联系、生产考核、生产分析等管理办法。

3）调度所施工组织管理办法

应包括施工组织领导，施工组织管理程序，施工日计划、运行揭示调度命令、施工调度命令的编制、审批、下达，施工期间运输组织、施工监控和施工分析等内容。

4）调度所教育培训管理制度

应包括调度所人员业务培训、考试、技术比武、竞岗晋级、持证上岗和深入现场等制度。

5）调度所日常基本管理制度和办法

① 会议、考勤、值班、作息、请假、卫生（含物品定置管理）、保密、廉政建设、文明生产、安全保卫等所务制度。

② 各工种调度一日工作程序标准。

③ 班组管理、文电管理、规章管理、技术资料管理、设备管理、台账管理、班组（岗位）竞赛评比等办法。

2.　电话会议制度

为检查、落实当日运输生产情况，布置、审批次日计划，国铁集团和铁路局集团公司每日都要召开电视电话会议。

各铁路局集团公司调度所值班主任每日 7：00 前向国铁集团值班处长汇报第一班运输安全情况和班计划任务完成情况，以及保证完成全日计划的措施，国铁集团值班处长向铁路局集团公司值班主任布置第二班重点，提出工作要求。

国铁集团每日 10：50 召开全路运输生产电视电话会议，由各铁路局集团公司主管运输副总经理（总调度长）汇报第一班运输安全和生产任务完成情况，以及保证完成全日运输生产任务的措施，国铁集团向铁路局集团公司提出运输生产任务要求和工作重点。

铁路局集团公司每日至少召开一次全局运输生产电视电话会议，由主管生产的副站（段）长汇报全日运输安全及运输经营任务完成情况，铁路局集团公司向站段提出运输生产任务的要求和工作重点。

3.　交接班和班中会制度

为保持调度工作的连续性，各级调度应建立完善的交接班和班中会制度。

国铁集团、铁路局集团公司交接班和班中会，分别由值班处长、值班主任负责主持，各有关工种调度人员参加。

① 接班会。传达有关命令、指示和重点事项，以及上一班安全、运输任务完成情况，研究制定本班确保安全、完成运输任务的具体措施。

② 交班会。各工种调度分别汇报本班安全、运输任务完成情况，分析存在的问题，总结经验教训。各工种调度的交班内容和待办事项必须清楚、完整，不得遗漏。

③ 班中会。每班至少召开一次，根据日（班）计划执行情况，研究确保完成本班和全日任务的具体措施。

4. 报告制度

为保持各级调度部门间的持续联系，准确地掌握工作进度和不失时机地处理问题，建立以下报告制度。

1）车站向铁路局集团公司报告

① 车站在列车到、开或通过后，及时报告车次、时分（具有自动采点设备除外）和列车状态。

② 列车始发站应及时报告列车解编进度、编组内容、列车编组变化情况及出发列车速报（车次、机车型号、司机姓名、现车辆数、牵引总重、换长）；列车在非始发站摘挂作业，作业站要及时报告摘挂列车在站作业、占用股道及作业后的编组变化情况。

③ 机车及股道占用情况、安全情况和必要事项等应随时报告。

④ 车站有关工种人员每 3 h 向铁路局集团公司所属工种调度人员上报各项规定内容。

2）铁路局集团公司向国铁集团报告

① 每天 10：00（22：00）前，铁路局集团公司值班主任向国铁集团调度部门报告接班后的管内运输情况，预计本班分界站列车交接、排空、机车运用情况，19：00（7：00）前以书面形式向国铁集团值班处长报告运输安全和生产任务完成情况的综合分析。

② 铁路局集团公司各工种调度每 3 h 向国铁集团所属各工种调度人员上报各项规定的内容。

③ 安全情况和重要事项，应随时报告。

3）其他要求

① 当上级调度向下级调度和站段了解有关运输情况时，有关人员应及时、认真汇报。

② 采用微机联网和列车实时跟踪报告时，应实现车站与铁路局集团公司、国铁集团报告信息共享。

5. 领导值班制度

为加强全路运输安全生产，铁路局集团公司建立运输领导值班制度。

1）值班人员

铁路局集团公司总调度长、运输部长（副部长）、调度所主任和书记。

2）值班时间

工作日：18：00—次日 8：00。

节假日：8：00—次日 8：00。

3）值班要求

① 对重点运输任务，按等级认真盯控，确保安全正点、万无一失。

② 对大型施工，应严格监控，确保按施工方案实施；对临时发生的问题，采取果断措施，及时正确处置。

③ 遇恶劣天气，应提前预想；当对设备运行、运输组织造成影响时，应立即启动应急预案，确保运输安全。

④ 当遇旅客列车大面积晚点及技术站、分界站严重等线、运输不畅时，要详细了解、掌握情况，采取有效措施，尽快恢复列车运行秩序。

⑤ 当发生事故或干线行车设备故障时，值班主任亲自组织处理，减少对运输秩序的影响。

6. 分界站会议制度

为加强铁路局集团公司间的协作，保证分界站畅通，铁路局集团公司间分界站会议每年至少召开一次，由两个铁路局集团公司轮流主持，必要时由国铁集团组织，研究改进列车交接工作，制定、修改分界站协议。

7. 深入现场制度

为提高调度人员组织指挥水平，加强各级调度人员之间、调度人员与站段有关人员之间的工作联系，各级调度人员每年深入现场应不少于 10 天，熟悉设备、人员情况，交换工作意见，改进工作作风，解决好日常运输生产中存在的问题。

深入现场，行前要有计划，返回后要有报告。深入现场的活动方法如下：

① 添乘机车、列车；

② 召开座谈会、联劳会、同班会；

③ 采取跟班劳动、专题调查研究等多种形式。

调度人员应持机车添（登）乘证添（登）乘机车、列车，并准许在乘务员公寓食宿。

任务 2.2　车流调整

2.2.1　拟完成的工作任务

通过教师讲解，掌握车流调整的方式和方法。在课后可以对自己设计的列车运行图进行自主调整。

2.2.2　任务目的

① 掌握车流调整的目的及车流动态的掌握方法。

② 掌握车流调整的种类及具体的车流调整方法。

2.2.3　所需设备

车流调整表及学生在项目 1 中设计好的列车运行图。

2.2.4　相关配套知识

知识点 1　车流调整认识与掌握车流动态

1. 车流调整认知

为保持全路货车的合理分布及各线车流的相对稳定，车流调整工作必须实行"高度集中、统一调整"的原则。

国铁集团调度处、铁路局集团公司调度所应指定专人负责车流调整工作，研究并掌握货流、车流变化规律，以及有关技术设备的使用效能，认真推算车流，有预见、有计划地进行车流调整。车流调整是运输调度的一项重要工作内容。从整体意义上讲，运输调度就是车流调度，其任务就是进行车流调整。

车流调整的目的如下：

① 保持全路货车的合理分布；

② 保持各线车流的相对稳定，以便能够经济、合理地使用机车车辆，充分利用线路通过能力；

③ 预防可能发生的困难，保证货物运输任务的完成。

车流调整应遵循"优先确保大客户、路企直通、战略装卸车点的运输需求"原则。限制装车时应减少零散装车点的装车；组织集中装车时，应优先增加大客户、路企直通、战略装卸车点的装车。

2. 掌握车流动态

为了正确地运用各种车流调整方法做好车流调整工作，必须不断地、准确地推算车流，研究和掌握车流动态及其变化规律，加强车流调整的预见性。

掌握车流动态的基本方法是车流推算，分为远期车流推算和近期车流推算。

1）远期车流推算

对于几天内到达本铁路局集团公司的车流情况，一般由铁路局集团公司调度所每天从国铁集团调度处了解昨日各铁路局集团公司装往本局及通过本局的装车数，然后按照各铁路局集团公司装车后发往本局所需要的运行期限进行推算。

各铁路局集团公司可以根据具体情况，制定远期车流推算表，将了解到的资料逐日登记，就可以预见未来几日内将接入的管内工作车及移交车的变化情况，从而采取必要的车流调整措施。

2）近期车流推算

近期车流推算主要是推算当日 18：00 点各种车流情况。推算方法为：各铁路局集团公司调度所计划调度员于第一班（18：01—6：00）工作结束后，根据各分界站出入的实际车数及列车运行计划推算的全日预计出入车数、预计全日装卸车数，推算出 18：00 预计结存的管内工作车、空车和各分界站需要移交的重车数等车流资料，上报国铁集团。

知识点 2 车流调整方法

车流调整分为重车调整、空车调整和备用车调整，并通过日（班）计划组织实现。必要时，可下达临时调整计划。

1. 重车调整方法

重车，在全路运用车总数中约占三分之二，数量较大，而且重车流向又决定了空车的流向，因此重车调整是整个车流调整工作的重点，是车流调整的重要内容。

重车调整方法有：去向别装车调整、限制装车、停止装车、变更重车输送径路和集中装车。

1）去向别装车调整

去向别装车调整，就是调整各去向的装车数，增加或减少某一去向的装车数量。它是重车调整的基本方法。

按去向别组织均衡装车是保持各铁路局集团公司车流稳定和运输秩序正常的基础。各铁路局集团公司、车站必须严格掌握装车去向，进行去向别装车调整时，要执行下列规定：

① 当运输工作不正常，需要减少或增加日装车数时，应首先调整（减少或增加）自局管内的装车数；如需减少或增加外局的装车数时，须经国铁集团批准；

② 当分界站接入某方向的重车不足或增多时，应首先采取增加或减少自局装往该去向装车数的方法进行调整。当重车不足或增多延续时间较长，自局调整又有一定困难时，应将情况及时报国铁集团，由国铁集团统一调整。

2）限制装车或停止装车

限制装车或停止装车，就是在一定期限内将某一去向、某一到站的装车数，限制在一定数量之内或者停止装车。

为消除局部重车积压，当遇下列情况时，应采取限制装车或停止装车措施：

① 装车数超过区段通过能力和编组站作业能力时；

② 装车数超过卸车地的卸车能力时；

③ 因自然灾害、事故，线路封闭中断行车时；

④ 因其他原因发生车辆积压或堵塞时。

3）变更重车输送径路

变更重车输送径路是指为了解决某个方向的区段或车站通过能力与车流量的矛盾，防止车流积压，把车流由正常径路改为由另一径路输送。

正常径路通常是最短的径路，但有些径路虽然运行距离长，也可能成为正常径路。例如，经由山区线路运行，列车重量标准小，速度低，虽然运行距离短，但是运输成本高，不如走迂回径路经济。此种迂回径路由国铁集团批准以后，即成为正常径路。

当遇自然灾害、事故中断行车或重车严重积压、堵塞时，经国铁集团批准并发布调度命令，相关铁路局集团公司依据国铁集团调度命令可变更跨局的车流输送径路。

变更车流输送径路，应适应有关区段的通过能力，并指定变更径路的期限、列数、辆数和列车编组计划。

凡经上级调度命令批准,当采取限装、停装或变更车流输送径路时,铁路局集团公司、车站均不准在限装或停装期间,承认通过及到达限装、停装区段(或车站)的途中换票和变更到站。

4)集中装车

集中装车,就是有计划地增加某一去向的装车数。在日常工作中,遇有下列情况时可采用集中装车的办法:

① 某铁路局集团公司的管内重车严重不足时;

② 某方向移交重车严重不足时;

③ 重点用户、港口、国境站急需到达物资或外运物资严重积压时;

④ 急需防洪、抢险、救灾物资时。

集中装车仅在所经区段通过能力和到站卸车能力允许的条件下,方准采用。

2. 空车调整方法

空车调整是为了合理地运用空车、保证装车需要的调整措施。空车调整必须做到缩短空车行程,组织车种代用,消除同车种对流。空车调整方法有正常调整、综合调整和紧急调整。

1)正常调整

各铁路局集团公司根据车种别装车、卸车的差数及接空数和实际货车保有量确定排空车数。这种调整方法的最大优点是减少了空车走行公里。但对于指定的空车直达列车,不准中途挪用。

2)综合调整

货流、车流发生变化或重车流增加时,在不影响接空局重点物资装车需要的前提下,经国铁集团批准,依据下达的日计划命令,可对重、空车总数进行综合调整。重、空车数一经国铁集团批准,各铁路局集团公司不得再用重车代替空车。这种调整方法的优点是,除能减少空车走行公里外,对运用车的合理分布大有益处。

3)紧急调整

紧急调整是为保证特殊紧急运输任务需要而采取的非常措施。以调度命令或日(班)计划中重点事项的形式下达,各铁路局集团公司接到紧急调整命令后,必须按照规定的时间、车种、辆数完成排空任务。

注意:需要进行空车调整时,各铁路局集团公司、车站必须从全局出发,严格遵守排空纪律,按照上级调度批准的车种、辆数均衡地完成排空任务。

3. 备用车调整方法

备用货车是为保证完成临时紧急运输任务的需要而储备的技术状态良好的国铁空货车。备用货车(以下简称备用车)分为特殊备用车、军用备用车、专用货车备用车、非标准轨的货车备用车,以及港口、国境站备用车。

① 特殊备用车、军用备用车和专用货车备用车的备用、解除,必须经国铁集团以备用车命令批准。

② 港口、国境站备用车的备用、解除,由有关铁路局集团公司根据国铁集团每季度批准的计划,按照指定的车站、车种、数量,以铁路局集团公司备用车命令批准。

③ 非标准轨的货车备用、解除由所在铁路局集团公司负责处理。

1）备用车的备用、解除

备用车的备用、解除必须符合下列规定。

① 特殊备用车须备满 48 h，军用备用车、专用货车备用车和港口、国境站备用车须备满 24 h，才能解除备用。因紧急任务需要解除备用车时，须经国铁集团以调度命令批准，可不受时间限制。

② 备用车状况须经备用车基地检车员检查。

③ 备用车必须停放在铁路局集团公司批准的备用车基地内。港口、国境站备用车必须停放在指定的港口、国境站。凡未停放在指定地点的，均不准统计为备用车。

④ 备用车在不同基地间不得转移，在同一基地内转移时，须由铁路局集团公司以备用车命令批准。

2）备用车的管理

① 铁路局集团公司、备用车所在站和备用车基地检车员，均须分别建立备用车登记簿，按备用日期、时分、命令号码、地点、车种、辆数、车号、吨位等内容顺序进行登记。

② 国铁集团、铁路局集团公司调度分别建立备用车命令簿，单独规定备用车命令号码。

任务 2.3　调度日（班）计划

2.3.1　拟完成的工作任务

掌握调度日（班）计划的编制原则和编制程序，并学会运用车保有量的推算。

2.3.2　任务目的

① 掌握调度日（班）计划的基本内容、编制依据和编制原则。
② 掌握日计划的涵盖内容及各类指标的计算方法。
③ 掌握列车运行工作计划的编制方法，并学会将其运用于列车运行图的调整。

2.3.3　所需设备

多媒体设备及列车运行图。

2.3.4 相关配套知识

知识点1 调度日（班）计划概述

铁路运输生产是一个动态过程，装车、卸车、解编作业和列车运行等每天都有变化，而铁路运输本身又要求每日的工作任务相对稳定和均衡，以提高运输效率，这就产生了客观情况和主观要求的矛盾。为解决这个矛盾，就产生了进行各种调整工作的日常计划。

铁路运输工作日常计划包括旬计划、日（班）计划和车站作业计划。一切装车、卸车、编组列车、列车运行以及分界站的交接等运输工作，都以此为依据进行组织，以保证均衡地完成月度运输生产经营计划，实现列车编组计划、列车运行图及运输方案。

调度日（班）计划是在一日（班）的具体条件下，保证完成各项运输任务的具体作业计划。

1. 调度日（班）计划的编制原则

① 认真贯彻国家的运输政策，保证重点运输的原则。
② 坚持"一卸、二排、三装"的运输组织原则。
③ 严格按列车编组计划编车，按列车运行图行车，按运输方案组织运输，按《站细》组织作业，最大限度地组织直达、成组运输的原则。
④ 经济合理地使用机车车辆和其他运输设备，提高运输效率和效益的原则。
⑤ 均衡运输的原则。

2. 调度日（班）计划的主要内容

调度日（班）计划包括货运工作计划、列车工作计划和机车工作计划，三者是紧密衔接、环环相扣的有机组成部分。

1）货运工作计划

① 各站卸车数（到站整列货物要有品名、收货人）。
② 各站按发货单位、品名、到站别的装车数。
③ "五定"班列、重点直达列车、集装箱直达列车、企业自备车直达列车和成组装车的列数、组数及辆数。
④ 装卸劳力、机械调配计划。
⑤ 篷布运用计划。

2）列车工作计划

① 列车到发及运行计划，包括列车车次、发站、到站、到发时分、编组内容、始发列车车辆来源、小运转列车运行计划、机车交路及机车型号。
② 分界站列车交接计划，包括列车车次、到开时分、各列车中去向别重车数（到邻局的重车按到站）和车种别空车数。
③ 管内工作车输送计划、各站配空挂运计划和摘挂列车的装卸、甩挂作业计划。
④ 专用货车的使用、调整计划。

⑤施工计划。

3）机车工作计划

①各区段机车周转图。

②机车沿线走行公里、机车运用台数和机车日车公里。

③机车大修、中修、辅（小）修、临修、回送计划及重点要求。

3. 调度日（班）计划的编制依据

①国铁集团下达的轮廓计划。

②月度运输生产经营计划、列车编组计划、列车运行图、机车周转图、运输方案、施工计划和站段有关技术作业时间标准。

③日请求车（军用应有军运任务通知书，超限货物应有批准装运电报）和物资部门的要求。

④预计当日 18：00 各类运用车数、车站现在车数（重车分去向，其中到本局和邻局管内摘挂车流分到站，待卸车、空车分车种）和机车分布情况。

⑤列车预确报。

⑥分界站协议。

⑦月度施工计划及主管业务处提报的施工计划申请。

⑧设备维修作业计划。

4. 调度日（班）计划的编制程序

1）接收次日轮廓计划

国铁集团每日应在 9：00 前向铁路局集团公司下达次日轮廓计划。轮廓计划是国铁集团对铁路局集团公司编制日间计划提出的控制数字，其内容包括：分界站交接列车数、车种别排空车数、到局别使用车数、通过限制口的装车数和重点要求。

2）收集编制日计划资料

收集工作每日 9：00 开始，最迟不晚于 14：30 结束。铁路局集团公司各工种调度人员向有关站段收集编制日（班）计划资料。

3）编制调度日（班）计划

①调度所主任负责编制日间总计划，包括全铁路局集团公司的卸车数、装车数、各分界站交接重、空车数及列数、日计划指标等。

②主任货运调度员负责编制详细的货运工作计划，包括各站的装卸车数，直达列车及成组装车等。

③计划调度员负责编制详细列车工作计划，包括列车到发及运行计划、分界站列车交接计划和区段管内车流输送计划。

④主任机车调度员负责编制详细的机车工作计划，包括各区段机车周转图、机车运用台数、机车检修工作安排等。

4）审批与下达

调度日计划编完后，经铁路局集团公司主管领导批准，于 17：00 前上报国铁集团，经批准后于 17：30 前以调度命令下达到各站段执行。

知识点 2　日间总计划的编制方法

日间总计划是当日 18：00（不含）至次日 18：00（含）的日间运输工作计划，简称日计划。日计划分为两个班计划：当日 18：00（不含）至次日 6：00（含）为第一班计划；次日 6：00（不含）至 18：00（含）为第二班计划。铁路局集团公司可根据第一班计划的执行情况和日计划任务，对第二班计划内容进行部分调整。

1. 推算运用车保有量

运用车保有量是指国铁集团、铁路局集团公司为完成规定的运输任务，所应保有的运用货车数。

现以丙铁路局集团公司为例说明日计划的编制方法。铁路局集团公司日间总计划的编制，由调度所主任负责，利用"铁路局集团公司日间总计划表"（见表 2-1）进行编制，其具体方法如下。

表 2-1　铁路局集团公司日间总计划表

预计当日运用车

项目	实际
月计划	2 026
昨日存	2 056
出入差	10
转出	0
转入	0
结存　差	2 046　+20

重点工作
1. 空车较多，争取多装；
2. 丁口移交车保有量不足，应多组织装口的移交车。

预计当日管内工作车

项目	月计划	实际
月计划	—	—
昨日存	583	541
接入计	258	278
其中　乙	163	163
其中　丁	95	115
自装	292	300
卸车	550	350
结存	583	569
差		14

预计当日空车 / 预计次日空车*

项目	月计划	实际	预计次日空车*
月计划	—	—	—
昨日存	430	465	482
接入　乙	270	290	270
接入　丁	50	50	50
交出　乙	0	0	0
交出　丁	123	123	123
装车	747	750	745
卸车	550	550	690
转出	0	0	0
转入	0	0	0
结存	430	482	543
差		152	+13

次日分界站出入计划

接或交（分界站）	接入 列数	接入 总车数 重车/空车	交出 列数	交出 总车数 重车/空车
乙	13	$633\ \dfrac{363（其中自卸213）}{270}$	14	$665\ \dfrac{665（其中自卸65）}{0}$
丁	15	$745\ \dfrac{695（其中自卸95）}{50}$	15	$724\ \dfrac{601（其中自卸440）}{123}$
计	28	$1\ 378\ \dfrac{1\ 058}{320}$	29	$1\ 389\ \dfrac{1\ 266}{123}$

次日分界站出入车轮廓计划

接或交（分界站）	接入 列数	接入 总车数 重车/空车	交出 列数	交出 总车数 重车/空车
乙	13	$633\ \dfrac{363}{270}$	14	$665\ \dfrac{665}{0}$
丁	15	$740\ \dfrac{690}{50}$	15	$710\ \dfrac{587}{123}$
计	28	$1\ 373\ \dfrac{1\ 053}{320}$	16	$1\ 375\ \dfrac{1\ 252}{123}$

预计当日移交重车

项目 去向	月计划	昨日存	接入 乙	接入 丁	自装交出	当日交出	结存	差
乙	540	563	—	600	65	665	563	+23
丁	473	487	150	—	385	590	432	41
计	1 013	1 050	150	600	450	1 250	995	18

次日计划指标

项目	当日运用车	出入差	转出	转入	次日运用车	接运重车	使用车	卸空车	工作量	周转时间
月计划	2 026	—	—	—	2 026	1 058	747	550	1 805	1.12
日计划	2 046	11	0	0	2 085	1 058	755	609	1 813	1.12

1）有关编制资料

①丙铁路局集团公司在路网中的位置示意图如图 2-2 所示。

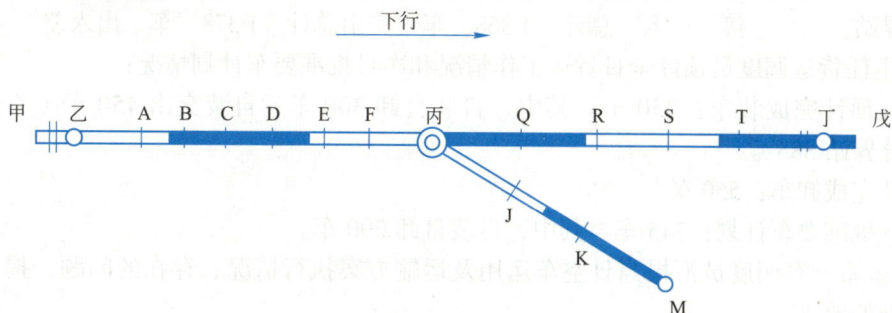

图 2-2　丙铁路局集团公司在路网中的位置示意图

②技术计划规定的有关指标如下。

a）装车数 747 车，卸车数 550 车。

b）运用车保有量 2 026 车。其中，管内工作车 583 车、移交重车 1 013 车、空车 430 车。

c）货车周转时间 1.12 d。

d）各分界站出入重、空车数及列数见表 2-2。

表 2-2　分界站出入重、空车数及列数

分界站	接入		交出	
	列数	重车数 空车数	列数	重车数 空车数
乙	13	363（其中自卸 163） 270	14	665（其中自装 65） 0
丁	15	695（其中自卸 95） 50	15	590（其中自装 390） 123
合计	28	1 378	29	1 378

③昨日 18：00 运报-2、运报-3 所载运用车实际结存总数为 2 056。其中管内工作车 541 车、移交重车 1 050 车（乙分界站 563 车、丁分界站 487 车）、空车 465 车。

④国铁集团下达的次日轮廓计划：装车 745 车，卸车 600 车。各分界站交接车数见表 2-1 中"次日分界站出入车轮廓计划"栏。

⑤其他资料，如列车编组计划、列车运行图、运输方案等，此处不再一一列出。

2）当日工作情况

召开日班计划会议，了解当日工作情况和上级主管的重要指示。

①值班主任收集当日运输工作的全面情况及各技术站作业情况，并预计全日能完成的交接列数及车数：

乙分界站接入　移交重车　170　管内工作车　163　空车　270　合计　603 车
　　　　　交出　重　　车　665　　　　　　　　　　　　　　　合计　665 车

丁分界站接入　移交重车　600　管内工作车　115　空车　50　合计　765 车
　　　　　　交 出　重　车　590　　　　　　　　空车　123　合计　713 车

分界站　　　　接　入　总计　1 368　车　交出总计　1 378　车　出入差　−10 车

② 主任货运调度员预计全日货运工作情况和次日批准要车计划情况：

当日预计完成装车：750 车。其中，自装自卸 300 车、自装交出 450 车（乙分界站 65，丁分界站 385）。

预计完成卸车：550 车。

次日批准要车计划：745 车。其中，自装自卸 290 车。

③ 运输方案调度员汇报当日空车运用及运输方案执行情况、存在的问题，提出次日编制计划的要求。

④ 主任机车调度员汇报当日机车运用情况及问题，当日 18：00 货运机车分布情况。

⑤ 值班主任传达国铁集团领导的重点指示，提出编制次日计划的重点要求。

3）推算当日 18：00 运用车保有量

预计当日 18：00 各种运用车保有量，不仅是反映运输情况，也是据以确定次日调整措施的资料，而且是确定次日计划任务的依据。因此，在编制日计划前首先需要推算当日 18：00 各种运用车保有量。

（1）运用车保有量总数 $N_{当日}$

$$N_{当日} = N_{昨日} + \Delta u_{出入差}^{当日} + u_{转入}^{当日} - u_{转出}^{当日}$$

式中：$N_{昨日}$——昨日 18：00 运用车保有量实际数，车；

$\Delta u_{出入差}^{当日}$——当日预计各分界站接入与交出重空车总数之差，用下式计算：

$$\Delta u_{出入差}^{当日} = u_{接入}^{当日} - u_{交出}^{当日}$$

$u_{转入}^{当日}$——当日预计由非运用车转为运用车的货车总数，车；

$u_{转出}^{当日}$——当日预计由运用车转为非运用车的货车总数，车；

丙铁路局集团公司 $\Delta u_{出入差}^{当日} = 1\,368 - 1\,378 = -10$（车）

查表 2-1 知，$u_{转入}^{当日}$ 和 $u_{转出}^{当日}$ 均为 0，故

$$N_{当日} = 2\,056 - 10 + 0 - 0 = 2\,046（车）$$

（2）管内工作车保有量 $N_{管内}^{当日}$

$$N_{管内}^{当日} = N_{管内}^{昨日} + u_{接卸}^{当日} + u_{自装卸}^{当日} - u_{卸}^{当日}$$

式中：$N_{管内}^{昨日}$——昨日 18：00 管内工作车保有量实际数，车；

$u_{接卸}^{当日}$——预计当日接入自卸的重车总数，车；

$u_{自装卸}^{当日}$——预计当日完成自装自卸车的总数，车；

$u_{卸}^{当日}$——预计当日完成的卸车数，车。

丙铁路局集团公司 $N_{管内}^{当日} = 541 + (163 + 115) + 300 - 550 = 569（车）$

（3）移交重车保有量 $N_{移交}^{当日}$

$$N_{移交}^{当日} = N_{移交}^{昨日} + u_{自装交}^{当日} + u_{接入通}^{当日} - u_{交量}^{当日}$$

式中：$N_{移交}^{昨日}$——昨日 18：00 移交重车保有量实际数，车；

$u_{自装交}^{当日}$——预计当日完成自装移交的装车数，车；

$u_{接入通}^{当日}$——预计当日接入的通过重车总数，车；

$u_{交量}^{当日}$——预计当日完成的交出重车数，车。

丙铁路局集团公司 $N_{移交}^{当日}$ =1 050+450+（150+600）－（665+590）=995（车）

（4）空车保有量 $N_{空}^{当日}$

$$N_{空}^{当日} = N_{空}^{昨日} + u_{接空}^{当日} + u_{转入}^{当日} + u_{卸}^{当日} - u_{交空}^{当日} - u_{转出}^{当日} - u_{装}^{当日}$$

式中：$N_{空}^{昨日}$——昨日 18：00 空车保有量实际数，车；

$u_{接空}^{当日}$——预计当日接入的空车总数，车；

$u_{转入}^{当日}$——预计当日由非运用车转为运用车的货车总数，车；

$u_{卸}^{当日}$——预计当日完成的卸车数，车；

$u_{交空}^{当日}$——预计当日完成的交出空车数，车；

$u_{转出}^{当日}$——预计当日由运用车转为非运用车的货车总数，车；

$u_{装}^{当日}$——预计当日完成的装车数，车。

丙铁路局集团公司 $N_{空}^{当日}$ =465+（290+50）+0+550－123－0－750=482（车）

推算的当日 18：00 管内工作车、移交重车、空车保有量之和应与推算的 18：00 运用车总数相等，即

$$N_{当日} = N_{管内}^{当日} + N_{移交}^{当日} + N_{空}^{当日}$$

丙铁路局集团公司 $N_{空}^{当日}$ =569+995+482=2 046（车）

通过验算检查，说明推算正确。

2. 确定卸车计划

1）次日卸车来源

① 当日 18：00 结存的管内工作车。

② 次日由各分界站接入的管内卸车。

③ 次日自装的管内工作车。

2）有效卸车数的确定

在三项卸车来源中，有的可以在次日 18：00 前卸空，称为有效卸车；有的不能卸空，称为无效卸车。三项有效卸车之和，即为次日计划卸车数。有效和无效是根据接入或装完时间、运行距离、卸车能力等各种具体情况确定的。在编制计划时，其有效车数一般按以往规律或按概率法进行计算。

例如，18：00 结存管内工作车有效卸车数：

$$u_{结存}^{有效卸} = N_{管内}^{当日} P_{结存}^{卸}$$

式中：$N_{管内}^{当日}$——当日管内工作车保有量，车；

$P_{结存}^{卸}$——18：00 结存管内工作车有效卸车数的概率。

现以丙铁路局集团公司为例，确定次日卸车计划。

① 根据以往规律，18：00 管内工作车中次日有效卸车的概率是 0.65，即 $569 \times 0.65 \approx 370$ 车可纳入卸车计划。

② 次日自装管内工作车，根据以往规律第一班装的 125 车作为自装有效卸车数纳入计划。

③ 次日接入管内工作车，按邻局来车计划和运行图规定的时刻，其中有 114 车作为有效卸车数纳入计划。

所以，次日卸车计划 =370+125+114=609（车）。

对其他有效车（如移交有效车等）亦可按此法计算。

3）次日应卸车数

根据当日 18：00 管内工作车实际车数和月计划规定的管内工作车周转时间，可按下式推算次日应卸车数：

$$u_{应卸} = N_{管内}^{当日} / \theta_{管内}^{计}$$

式中：$\theta_{管内}^{计}$——月计划规定的管内工作车周转时间，d。

次日应卸车数是上级考核铁路局集团公司完成卸车情况的依据，所以，在确定次日卸车计划时，其数字不应小于应卸车数。但因编制日计划时尚无 18：00 实际管内工作车数，为推算应卸车数，可以借用预计 18：00 管内工作车保有量进行测算，以保证卸车计划不小于应卸车数。丙铁路局集团公司本月的 $\theta_{管内}^{计}$ 为 0.95 d，推算的 $N_{管内}^{当日}$ 为 569 车，则

$$u_{应卸} =569/0.95 \approx 599（车）$$

计算表明，卸车计划不小于预计应卸车数，可以确定卸车计划即次日预计卸车数（$u_{卸}^{次日}$）为 609 车。

3. 确定排空及装车计划

按照"一卸、二排、三装"的运输组织原则，装车计划应在完成排空任务后确定。

1）排空计划

排空计划要保证完成国铁集团下达的各分界站排空任务，严格按日（班）计划规定的排空车次、车种、车数组织实现。当排空与装车发生矛盾时，应先排后装。

丙铁路局集团公司排空计划，按国铁集团下达轮廓计划确定，即经丁分界站排空 123 车，在此基础上再调整本局的装车数。

2）装车计划

必须在保证排空任务的前提下，由调度所主任会同主任货运调度员，严格按货运轮廓计划审批各站日要车，确定装车日计划。

为保证每天运输工作的均衡，在确定装车计划前，还需按下式推算一下次日 18：00空车保有量：

$$N_{空}^{次日} = N_{空}^{当日} + u_{接空}^{次日} + u_{转入}^{次日} + u_{卸}^{次日} - u_{排空}^{次日} - u_{转出}^{次日} - u_{装}^{次日}$$

式中：$N_{空}^{当日}$——当日的空车保有量，车；

$u_{接空}^{次日}$——次日计划接入空车数，车；

$u_{转入}^{次日}$——次日预计由非运用车转为运用车的货车总数，车；

$u_{转出}^{次日}$——次日预计由运用车转为非运用车的货车总数，车；

$u_{排空}^{次日}$——次日预计排空车数，车；

$u_{卸}^{次日}$——次日预计卸车数，车；

$u_{装}^{次日}$——次日预计装车数，车。

将推算出的 $N_{空}^{次日}$ 与技术计划规定的空车保有量标准相比较，当 $N_{空}^{次日}$ 比标准数少得较多时，应当减少次日的装车数，使 $N_{空}^{次日}$ 符合或接近标准，以保证后一日运输工作的均衡；反之，可适当增加装车数。

例如，丙铁路局集团公司装车计划首先根据国铁集团轮廓计划下达的装车数 745 车和其他资料计算次日空车保有量，再以次日空车保有量的多少来确定。

$$N_{空}^{次日}=482+（270+50）+609+0-（0+123）-745-0=543（车）$$

推算结果表明，次日空车保有量比技术计划规定的空车保有量标准 430 车多 113 车。因此，可适当增加次日装车数，请示后日装车计划确定为 755 车。

4. 确定次日各分界站交出重车数、列车数计划

次日交出重车数和列车数计划，应按分界站别分别确定。

1）分界站别交出重车数计划

分界站别交出重车数计划，应根据分界站当日 18：00 预计结存移交车数、次日接入移交车数及次日自装移交车数中的有效移交车数之和确定。

$$u_{交重}^{次日} = N_{移交}^{有效} + u_{接入通}^{有效} + u_{自装交}^{有效}$$

式中：$N_{移交}^{有效}$——当日 18：00 结存移交重车中在次日能交出的车数，车；

$\quad\quad u_{接入通}^{有效}$——次日接入通过的重车中能交出的车数，车；

$\quad\quad u_{自装交}^{有效}$——次日自装移交重车中能交出的车数，车。

对于移交有效车数，应按分界站别，根据列车编组计划、列车运行图、运输方案以及有关作业时间标准逐一查定后确定其车数。在编制日间总计划时，由于时间紧迫，而且有些资料尚不齐备，有效车数一般按以往的车流规律或按概率法计算。

2）分界站别交出列车数计划

分界站别交出列车数计划，可根据确定的移交重车数，加上排空车数，按照列车编组计划的规定和列车平均编成辆数，经计算确定。在确定分界站交出列车数时，应考虑通过能力和机车运用情况。

现根据已知资料确定丙铁路局集团公司乙、丁分界站交出重车数及交出列车数计划。

如表 2-1 所示，丙铁路局集团公司当日 18：00 结存乙分界站移交重车 563 车中，次日 18：00 前可交出 375 车，纳入计划；自装经乙分界站交出重车，第一班装车 65 车为有效，纳入计划；次日由丁分界站接入经乙分界站交出的重车 600 车中，按计划和运行图规定时刻，有 225 车移交有效，应纳入计划。

所以，次日乙分界站交出重车计划车数为 375+65+225=665（车）。

同理，次日经丁分界站交出重车计划车数为 601 车，空车 123 车，合计 724 车。

交出列数为交出总车数除以列车编成辆数，已知乙—丙、丙—丁两区段列车平均编成辆数均为 50 车，经乙分界站交出总车数为 665 车，交出列数为 14 列；经丁分界站交出总车数为 724 车，交出列数为 15 列；两分界站合计共交出列数 29 列、车数 1 389 车。

5. 计算日计划指标

日计划指标包括装车数、卸车数、工作量、货车周转时间等。

计划日的货车周转时间，可用车辆相关法计算。为此，应首先推算次日 18：00 的运用车保有量 $N_{次日}$：

$$N_{次日}=N_{当日}+\Delta u_{出入差}^{次日}+u_{转入}^{次日}-u_{转出}^{次日}$$

式中：$\Delta u_{出入差}^{次日}$——次日各分界站接入与交出重空车总数之差。

若　　　　　$u_{次日}=u_{使}^{计}+u_{接重}^{计}$

则　　　　　$\theta_{次日}=N_{次日}/u_{次日}$

例如，丙铁路局集团公司的日计划指标（增加运用车和增加卸空车数均为 0）：装车 755 车，卸车 609 车，接重 1 058 车。

$$\Delta u_{出入差}^{次日}=1\ 378-1\ 389=-11（车）$$
$$N_{次日}=2\ 046-11+0-0=2\ 035（车）$$
$$u_{次日}=755+1\ 058=1\ 813（车）$$
$$\theta_{次日}=2\ 035/1\ 813=1.12（d）$$

将以上各项计算与确定的数字分别填写在铁路局集团公司的日间总计划表内（见表 2-1），就形成了铁路局集团公司日间总计划。

知识点 3　列车工作计划的编制

列车工作计划是确定一日内各分界站及各区段上下行方向开行列车车次、列数、编组内容的计划，主要包括：列车到发及运行计划、分界站列车交接计划、管内工作车输送计划等。各项详细计划均应保证完成日间总计划确定的运输任务，并受日间总计划规定的控制数字约束。

1. 列车到发及运行计划

列车到发计划由计划调度员负责，与车站副站长共同编制，其编制方法与车站班计划基本相同，主要区别在于：一是使用图表不同；二是编制计划的权限不同；三是详简程度不同。

列车运行计划由计划调度员负责，与列车调度员共同编制。列车到发及运行计划合称列车作业计划，其编制具体规定如下。

1）编制列车作业计划的四大原则

① 列车作业计划必须有全日车次和编组内容。

② 编制列车作业计划必须有可靠资料，禁止编制无车流保证的空头计划。

③ 各区段日计划列数，要按列车运行图做到基本均衡。

④ 列车作业计划要确保排空列车的开行。第一班计划的排空车数必须达到全日计划的 45% 以上。

2）分号列车运行图的选定

① 实行分号列车运行图时，选定列车车次、确定日计划列数，应以分号列车运行图为基础，首先保证核心列车开行，按阶段均衡地安排停运、加开或选用与日计划列车对数相适应的分号列车运行图。

② 当分号列车运行图的列车开满后，可开行基本列车运行图的列车车次。增开的列车车次，不应超过图定列数，由相邻两铁路局集团公司协商确定，报上级调度批准。

③ 列车运行图中的摘挂列车已开满，剩余车流达到牵引定数 70% 或满长时，可加开临时定点的摘挂列车。

④ 始发列车计划应按列车运行图规定的时分编制。中转列车可按预计到达时分，在分号列车运行图中选定紧密衔接的适当运行线。

⑤ 图定车次贯通到底的直达货物列车，在接续的区段站或编组站因晚点不能使用原图定运行线时，在制订日（班）计划时，准许利用图定的直达或直通列车运行线开车，但必须保持原车次不变。

⑥ 摘挂列车与其他货物列车运行线不得互相串用。

3）列车编组及技术作业

① 列车编挂车辆的去向必须符合列车编组计划的规定。对运输方案有特别规定的列车，应按方案规定办理。

② 列车或车流接续时间，应符合车站技术作业过程规定的时间标准。

③ 列车编成辆数应符合该区段牵引重量标准及计长（小运转列车和摘挂列车除外）。

④ 涉及装车需要的空车和为完成卸车任务的管内工作车输送计划，应满足数量和时间的要求。

对第二班列车工作计划进行调整时，除遵守以上规定外，第一班计划规定的车次有停运车次时，第二班不准加开列车；第一班计划规定的车次已开满，第二班需要加开列车，或第一班虽未开满，第二班需要调整列车车次时，跨铁路局集团公司的必须取得邻局同意。

2. 分界站列车交接计划

① 列车运行图规定 18：00 后由分界站交出的列车，不准纳入 18：00 前的交车计划。

② 分界站当日未交出的晚点列车，必须纳入次日计划。接近 18：00 的晚点列车，来不及纳入次日计划时，准许 18：00 后晚点交出。

③ 原则上不准编制跨铁路局集团公司的超重、超长列车计划。必须编制时，须征得邻局的同意，并经上级调度命令准许。

④ 班计划一经确定，必须维护计划的严肃性，在执行中不准变更列车车次和整列方向别的编组内容。遇有特殊情况必须变更时，要预先征得邻局同意，并经上级调度命令批准。

⑤ 日（班）列车工作计划编制后，邻局调度所必须主动校对分界站列车交接计划（包括车次、时分、编组内容、机车交路），一致后方准逐级上报。

⑥ 涉及分界站交出的列车，应满足日间总计划的交车要求。

3. 管内工作车输送计划

管内工作车输送计划也称为区段管内车流输送计划，主要是指对中间站配送空车和挂运重车及到达中间站卸车的运送安排。对这部分车辆可以整列输送，也可以用摘挂列车或小运转列车输送，具体方式由列车编组计划和运输方案规定。

区段管内车流输送计划的编制，是根据预计各站当日 18：00 结存车数、技术站有关列车出发计划、相邻铁路局集团公司有关列车的到达预确报及各站次日装车计划，按照列车运行图和运输方案的规定，确定各种列车在区段内的甩挂作业计划。

例如，乙—丙区段 18：00—6：00 开行一对摘挂列车 41001/41002，列车在始发站编组内容、各站装车、配空、卸车计划和 18：00 现在车情况如图 2-3（a）所示。根据各站 18：00 现在车、空车需要及装卸完成情况来安排摘挂列车在各站的摘挂重、空车数和到、开及通过时刻，如图 2-3（b）所示。

装车计划	配空	卸车计划		18：00现在车			
		上到	下到	待卸	待装	空车	待发重车
		4		P6			
丙/10	C2	5	8				
		5	6		E/2		乙/2
F/3			10				P3
乙/5	C3	2	2				B/5
丙/3		10	3				

图2-3（b）列车开行情况：

时刻 18 19 20 21 22 23 0 1 2 3 4 5 6

B/8
C/6 空C5
D/10
注：空C排往丙站

41001

车站：乙 A B C D E F 丙

$-\dfrac{4}{0}$　$+\dfrac{0}{6}$　$-\dfrac{5}{0}$　$-\dfrac{8}{2}$　$-\dfrac{5}{0}$　$+\dfrac{2}{0}$　$-\dfrac{6}{0}$　$+\dfrac{2}{0}$　$-\dfrac{10}{0}$　$+\dfrac{3}{0}$　$-\dfrac{2}{0}$　$+\dfrac{5}{0}$　$-\dfrac{2}{3}$　$-\dfrac{10}{0}$　$-\dfrac{3}{0}$　$+\dfrac{3}{7}$

41002　（F/10 E/2 C/5 A/4）

(a) 18：00现在车情况及卸车计划、装车计划、配空情况　　(b) 列车开行情况

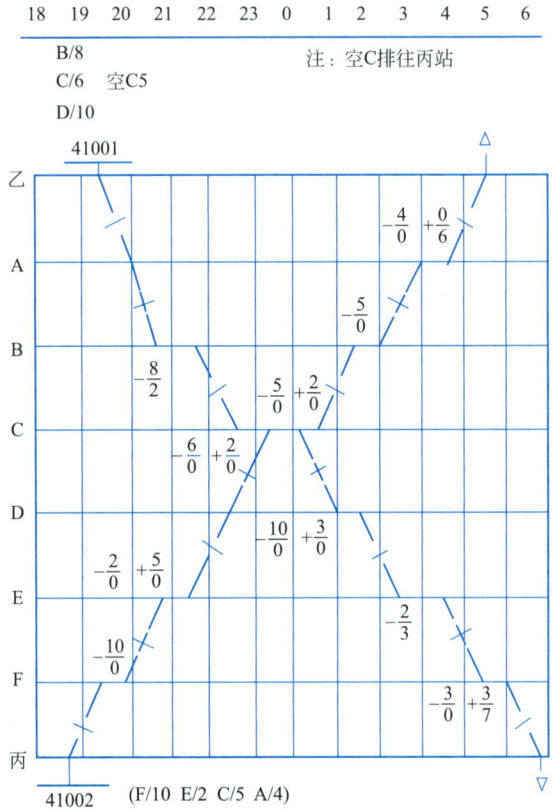

图 2-3　乙—丙区段管内车流输送情况

4. 列车工作计划的下达与执行

18：00—21：00、6：00—9：00 的列车工作计划，应分别提前在 16：00、4：00 前下达到有关站段。对车次的考核，仍以正式下达的日（班）计划为依据。对上报计划有调整时，应按上级调度批准的计划，逐级以调度命令更正，并组织实现。

第二班的调整计划，由铁路局调度所值班主任负责，各工种调度人员参与。根据国铁集团批准的日计划制订，于 4：00 前报国铁集团，经值班主任同意后，于 4：30 前以调度命令的方式下达至站段。

任务 2.4　列车调度指挥

2.4.1　拟完成的工作任务

掌握列车调度员的主要职责和工作程序，并掌握列车运行调整的方法。

2.4.2　任务目的

① 掌握列车调度员的主要职责和工作程序。
② 掌握列车调度指挥的基本原则和基本方法。
③ 掌握列车运行调整的方法和使用的线条及符号等。

2.4.3　所需设备

多媒体设备和列车运行图。

2.4.4　相关配套知识

知识点 1　列车调度员的主要工作职责与作业程序

1. 列车调度员的主要工作职责

行车工作必须严格执行"单一指挥"的原则。列车调度员是一个调度区段行车的统一指挥者，他的主要职责是组织、指挥本区段机、车、工、电、辆等部门的有关行车人员，实现列车运行图、列车编组计划和运输方案规定的任务和要求，加速机车车辆周转。以铁路局集团公司调度为例（下同），列车调度员的主要工作如下。

① 积极组织全区段有关人员实现按图行车。遇有列车晚点，及时采取调整措施，使晚点列车恢复正点。及时、正确地发布有关行车的命令和指示。

② 检查各站按列车编组计划编车、按运输方案组织运输的情况，注意列车到发及区间运行情况，及时处理临时发生的问题，防止行车事故。

③ 组织区段内各站按日（班）计划完成卸车、排空及装车任务，以及中时、停时、旅速等指标。

为了更好地完成上述工作，列车调度员应：

① 熟悉所辖区段内的人（主要行车人员）、车（机车车辆）、天（气候变化）、地（线路、通信信号、站场等技术设备）、图（列车运行图）；

② 熟悉有关规章、制度；

③ 在接班前应详细了解情况；

④ 在值班过程中应加强与邻台列调、机调、客调等的联系；

⑤ 及时制订三、四小时阶段计划；

⑥ 及时向主要站、段、邻台进行列车到达时刻的预确报；

⑦ 掌握列车运行及车站作业情况；

⑧ 及时、正确地填记列车运行实际图；

⑨ 按规定提供编制日（班）计划的资料。

2. 列车调度员的作业程序

列车调度员在计划调度员的领导下，组织列车按图行车，确保客货列车正点；掌握摘挂列车甩挂作业，按计划配空车并及时将车站待挂车挂出；保证所管辖车站各项运输指标的完成。

列车调度员一个班的基本作业程序如图 2-4 所示。

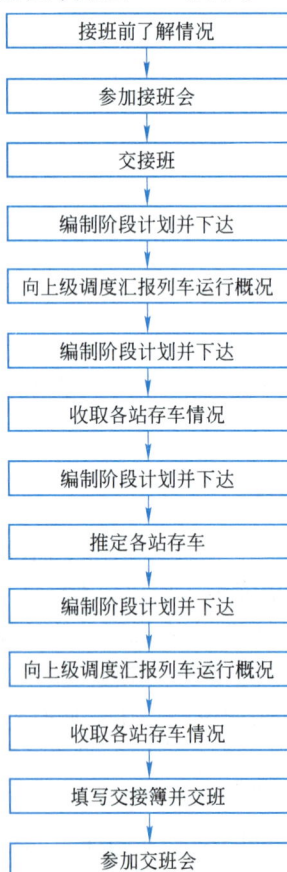

图 2-4　列车调度员一个班的基本作业程序

① 接班前了解情况［7：00—7：30（19：00—19：30）］。阅览交班簿，了解重点任务及注意事项，具体如下：a）施工安排、限速区段情况；b）客货列车正晚点情况；c）开车计划（包括车流来源、机车交路情况）及解除、保留列车计划，编组站、区段站到发线占用情况，分界站列车交接列数、车次，终到站，管内有效卸车，排空任务及第一班完成情况；d）超限列车情况，各站存车情况、装卸车任务及配空计划；e）摘挂列车运行作业情况。

② 参加接班会［7：30—8：00（19：30—20：00）］。汇报接班前了解的情况，对完成和兑现有困难的问题，提出解决问题的办法和意见，对有关岗位提出配合的要求；听取其他岗位的汇报，与本岗位有关的事项要记录下来。听取值班主任、调度所主任对本班工作布置的重点事项及要求，特别是与本台有关的事项要做好记录。

③ 交接班［8：00（20：00）］。与下班调度员进行交接，主要包括：列车运行情况，特别要注意超限列车（包括限速列车）运行条件及当时运行情况；调度命令的发布及执行情况；摘挂列车甩挂作业情况。

④ 编制阶段计划［8：00—8：20（20：00—20：20）］。按规定内容和要求编制。首先了解编组站、区段站接车及机车交路情况（包括三、四小时阶段计划）；铺画三、四小时计划线。

⑤ 下达阶段计划［8：30—8：45（20：30—20：45）］。以调度命令形式发布三、四小时阶段计划（按规定执行），布置重点事项及要求。

⑥ 向上级调度汇报列车运行概况［12：00—12：20（0：00—0：20）］。汇报列车运行点（按要求上报），回答上级询问。

⑦ 编制阶段计划并下达［12：30—12：50（0：30—0：50）］。内容、要求与上一个三、四小时阶段计划相同。

⑧ 收取各站 12：00（0：00）站存车情况［12：20—12：30（0：20—0：30）］。收取各站存车数（重车分到站，空车分车种），保留列车及存放股道、车数。

⑨ 编制阶段计划并下达［12：30—12：50（0：30—0：50）］。内容、要求与上一个三、四小时阶段计划相同。

⑩ 推定各站 18：00（6：00）站存车［13：00—13：30（1：00—1：30）］。站存车统计方法为：重车分去向，管内工作车按到站，空车分车种；还需要了解装、卸车完成情况。

⑪ 编制阶段计划并下达［16：30—16：50（4：30—4：50）］。与上一个三、四小时阶段计划相同。

⑫ 向上级调度汇报列车运行概况［18：00—18：10（6：00—6：10）］。与上一次汇报内容基本相同，增加过表列车位置。

⑬ 收取各站 8：00（6：00）站存车情况［18：10—18：20（6：10—6：20）］。内容同［12：00（0：00）］收取各站站存车情况。

⑭ 填写交接簿［19：50—20：00（7：50—8：00）］。其内容包括在途列车情况，重点军用列车、重点旅客列车运行情况，超限列车（包括限速列车）运行条件，重点事项，施工情况，调度命令发布情况，摘挂列车作业情况，乘务人员超劳和可能超劳情况，其他需要交接的事项。

⑮ 交班［8：00（20：00）］。按交接簿所写内容交班，要求接班者签名认可。

⑯ 参加交班会［8：00—8：20（20：00—20：20）］。汇报本班工作情况，回答领导提问，反映现场情况等。

注意： 在基本作业过程中，应做到：①正确、及时地按列车运行图填记标准填写列车运行图；②及时填写事故概况；③及时逐级报告。

知识点 2　列车调度指挥的原则与基本方法

1. 列车调度指挥的原则

由于铁路运输工作具有高度集中、各个工作环节紧密联系的特点，所以在铁路运输组织工作中，必须贯彻安全生产、集中领导、统一指挥、逐级负责的原则。在列车调度指挥方面，要坚持下列原则。

1）安全生产原则

在列车调度指挥工作中，必须坚持安全生产的原则，正确指挥列车运行。不能发布没有安全保障依据的命令和指示。当得到有关危及行车安全的信息时，要正确、及时、妥善处理。以保证旅客列车的安全为重点，组织列车安全运行。

2）按图行车原则

列车正点率是铁路运输产品质量的重要技术指标，也是铁路运输组织管理水平的综合反映。只有按图行车，才能保持正常的运输秩序，进而保证列车的正点率。

3）统一指挥原则

铁路行车工作是一个由互相联系、互相影响的多部门、多单位、各工种所组成的完整系统。在这个系统中，各部门、各单位、各工种间紧密联系和协调一致，对于保证行车安全和运输效率有着决定性的意义。铁路行车调度是为适应铁路行车特点而设置的铁路行车工作的统一指挥者。在列车运行调整工作中，与行车有关的人员，必须服从所在区段当班列车调度员的集中统一指挥，执行列车调度员的命令、指示，不得违反。其他任何人不得发布与行车有关的命令和指示。

4）下级调度服从上级调度原则

在列车运行组织与调整过程中，相邻调度台、相邻铁路局集团公司之间应保持紧密联系，以保证列车的正常交接。对出现的问题，双方要主动协商解决，当双方意见不一致时，应向国铁集团上报，由国铁集团解决。一经国铁集团调度决定，有关人员必须无条件服从。

5）按等级进行调整原则

列车调度员要按列车运行图指挥列车运行，当列车不能按列车运行图运行时，除特殊情况外，应按先客后货、先跨局后管内的原则和下列规定的等级顺序进行调整：

① 最高运行速度为 300～350 km/h 动车组旅客（检测）列车（简称动车组）；

② 最高运行速度为 200～250 km/h 动车组；

③ 直达特快旅客列车；

④ 特快行邮列车；

⑤ 特快旅客列车；

⑥ 快速旅客列车；

⑦ 快速行邮列车；

⑧ 普通旅客快车；

⑨ 普通旅客慢车；

⑩ 行包列车；

⑪ 军用列车；

⑫ "五定" 班列；

⑬ 快运货物列车；

⑭ 2 万吨组合重载货物列车；

⑮ 1 万吨组合重载货物列车；

⑯ 单元重载货物列车；

⑰ 直达货物列车；

⑱ 直通货物列车；

⑲ 冷藏列车；

⑳ 自备车列车；

㉑ 区段货物列车；

㉒ 摘挂列车；

㉓ 超限超重货物列车；

㉔ 小运转列车。

单机、路用列车应根据用途按指定条件运行。开往事故现场救援、抢修、抢救的列车应优先办理。专运和特殊指定的列车，按指定的等级运行。

2. 列车调度指挥的基本方法

要保证列车运行秩序，实现按图行车，列车调度员首先要抓好"列车始发正点"工作，这样该列车不仅可按运行线正点运行，而且还避免了对其他列车的干扰。因此，抓好"始发列车正点"工作是保证列车运行的基础。反过来，列车运行正点又是保证列车始发正点的主要条件。

1) 组织列车正点出发

（1）组织旅客列车正点发车

在组织列车正点发车的工作中，保证旅客列车始发正点是实现按图行车的首要条件，因为旅客列车等级较高，一旦晚点就会影响整个区段的列车始发或运行。所以列车调度员应该重视旅客列车始发正点的组织工作。

在具体的组织工作中，对于在本区段始发的旅客列车，列车调度员应加强与各方面的联系。在开车前 1 h 左右，对车底的取送情况、机车的整备工作情况、行包及邮件的装卸情况、旅客组织工作情况等进行检查，发现问题应及时采取措施进行处理，保证列车正点始发。

对由邻区段接入的旅客列车，列车调度员要及时向邻台（所）了解列车正、晚点情况，提前做好列车运行调整计划。当遇有旅客列车晚点时，应设法组织快速作业，与客运调度员密切配合，组织列车乘务员双开车门、组织旅客快上快下、行包邮件快装快卸，及时准备好换挂的机车，缩短列车停站时间，保证列车正点发车。

（2）组织货物列车始发正点

为了保证货物列车始发正点，列车调度员要抓好车流和机车这两个环节，重点做好以下工作：

① 在编制日（班）计划时，所做出的列车出发计划要切合实际，车站作业时间、车流和机车要有保障，避免计划晚点；

② 在运行组织上，对编组列车所需车流，组织按时送达，并注意技术站列车的均衡开到，保证车站的正常作业，为按时编组列车创造条件，同时，要注意督促车站按时编组，及时技检；

③ 对始发列车所需的机车，列车调度员应加速放行，保证机车有足够的整备时间，并督促机务段组织机车按时出库；

④ 加强与车站的联系，督促车站按时做好发车的各项准备工作，确保按时发车。

2）列车运行调整的方法

列车始发正点是保证按图行车的基础，但由于种种原因（如停车待发、停车待接、作业延误、途中运缓等），使列车不一定都能按运行图规定的时刻正点运行，当出现这种情况时，就需要列车调度员对列车运行进行调整，尽可能使晚点列车恢复正点运行。

列车调度员在进行列车运行调整时，所采用的方法一般有以下 3 种。

（1）充分利用线路、机车、车辆的允许速度，组织缩短列车区间运行时分

为了使晚点列车恢复正点运行，或为了使列车赶到指定地点会车、让车，以及为了赶机车交路、车流接续等，在列车编组情况，机车类型及技术状态，乘务员的思想和技术水平，线路横、纵断面情况及天气状况等条件允许的情况下，经与司机商议，说明运行调整的意图，提出对本次列车赶点的要求，在司机同意配合的情况下，方可组织实施。

案例链接： 在某单线区段，按运行图规定，10001 次列车要在 B 站停会 K168 次列车，实际工作中因 K168 次列车晚点 36 min，影响 10001 次列车的正点运行。列车调度员预先了解到这种情况后，经过周密地计算分析，提前在 A 站通知 10001 次列车司机并征得其同意，要求在 A—B、B—C 两区间"赶点"4 min，至 C 站会 K168 次列车，如图 2-5 所示。

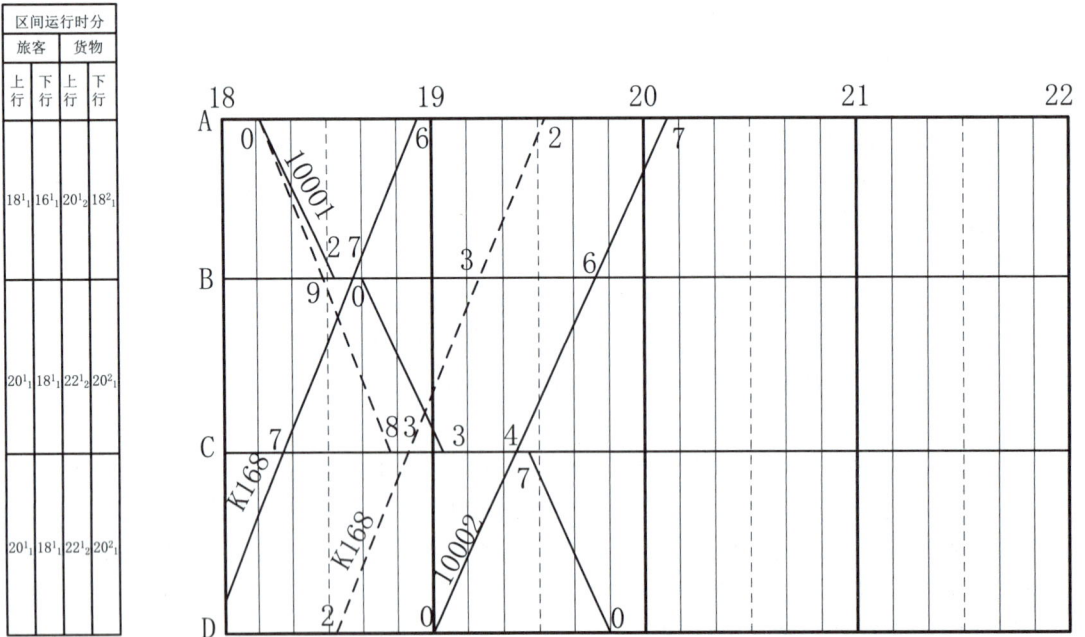

图 2-5　缩短列车区间运行时分

［注：图中实线为计划线，虚线为调整线（下同）］

（2）选择合理的会让站，加速放行列车

当有列车发生早点、晚点或停运、加开时，为提高铁路运输质量和运输效率，往往有变更会让、越行站的必要。在双线区段，适当组织列车早开，可以减少待避次数，进而有利于提高列车旅行速度。

案例链接：如图 2-6 所示，按运行图规定 22001 次列车在 C 站会 22002 次列车，让 K225 次列车，现由于 22001 次列车在 A 站早开 15 min，此时可将 22001 次列车与 22002 次列车的会车地点改在 F 站，这样就不必在 C 站让 K225 次列车，提前到达终点，而 22004 次列车也能早到 A 站。

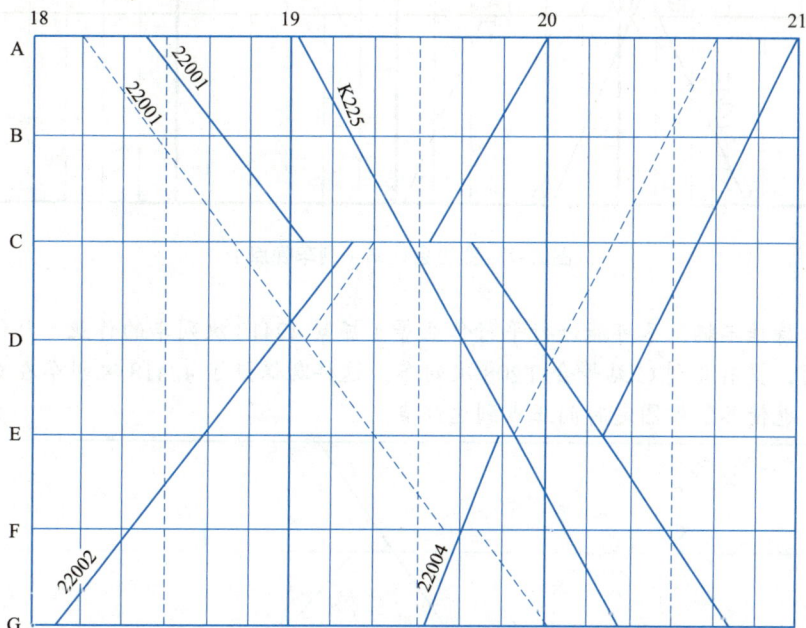

图 2-6　变更会让站（列车早点）

案例链接：如图 2-7 所示，11006 次列车图定在 18：57 到达 C 站停会 11005 次列车，但因 11005 次列车晚点 40 min，此时可将会车地点由 C 站改为 B 站，这样就保证了 11006 次列车的正点运行。

（3）组织列车进行快速、平行作业，缩短列车在站作业时间

一般来说，列车在运行途中往往要进行一些技术作业。例如，旅客列车在途中要进行旅客上车、行包装卸等客运作业，摘挂列车要进行甩挂等作业。当遇到列车发生晚点，或加开、停运，需要压缩某列车的停站时间时，列车调度员要事先周密计划部署，与车站和司机提前联系，说明情况，取得有关人员的支持，组织快速平行作业，压缩列车在站作业时间，保证列车按计划安全正点运行。

案例链接：如图 2-8 所示，按运行图规定，42418 次摘挂列车在 B 站作业并等会 T208 次旅客列车，在 C 站也要进行甩挂作业。现 T208 次列车晚点，若仍按图定计划在 B 站等会 T208 次列车，就会大大延长 42418 次列车在 B 站的停留时间，造成该列车晚点。此时为了保证 42418 次列车正点运行，列车调度员应有预见地组织 B 站采取各种措施（如

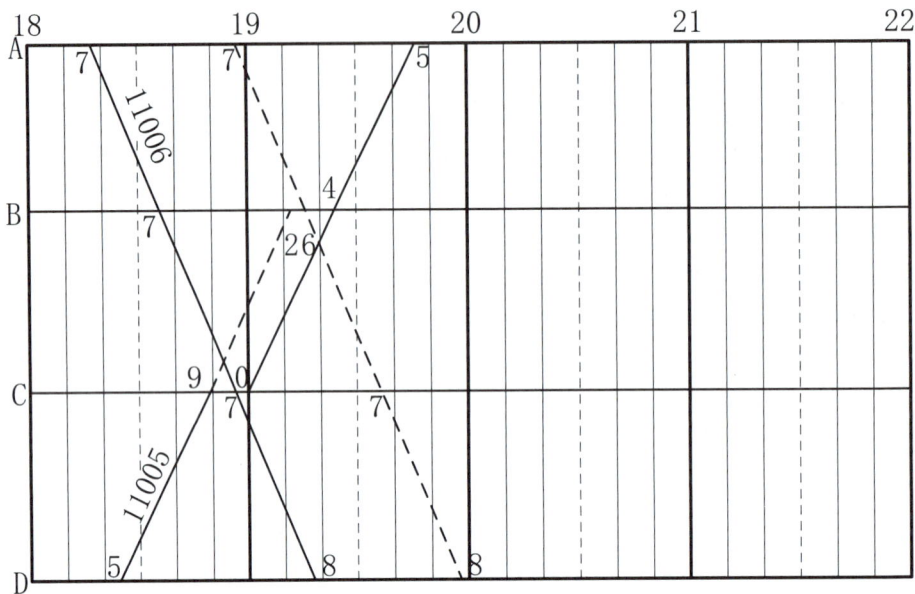

图 2-7　变更会让站（列车晚点）

提前准备好待挂车辆，尽可能进行平行作业等）抓紧 42418 次列车的作业，压缩其在 B 站的作业时间，提前开到 C 站等会 T208 次列车。这样既保证了 42418 次列车在 C 站的正常作业时间，也使其能按图定时间正点到达终点。

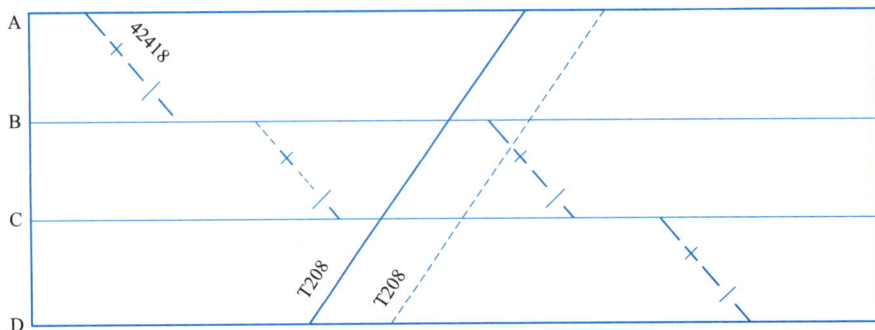

图 2-8　缩短列车在站作业时间

① 在双线区段组织列车反方向行车。双线列车反方向运行，是列车调度员调整列车运行的一种方法。它是充分运用现有技术设备、提高区间通过能力、组织列车按图行车的有力措施。调整列车运行时，为了避免列车晚点及作业需要，根据不同方向的列车密度，选择有利时机，可组织适当的列车反方向行车。

组织列车反方向行车时，因其属于非正常行车组织办法，不安全的因素较多，所以列车调度员要检查督促车站及有关人员注意行车安全，严格按有关作业程序和要求组织行车。

案例链接： 如图 2-9 所示，按运行图规定，42158 次摘挂列车要在 C 站待避 2416 次列车，又要会 25665 次列车，现 25665 次列车因故停运，同时 42158 次摘挂列车在 B 站的甩挂作业量较大。在此种情况下，列车调度员可组织利用下行线的空闲时间，在保证安全的前提下，组织 42158 次摘挂列车在 C—B 区间反方向运行，这样就可以保证 42158 次摘挂列车在 B 站有充分的作业时间，并保证其正点运行。

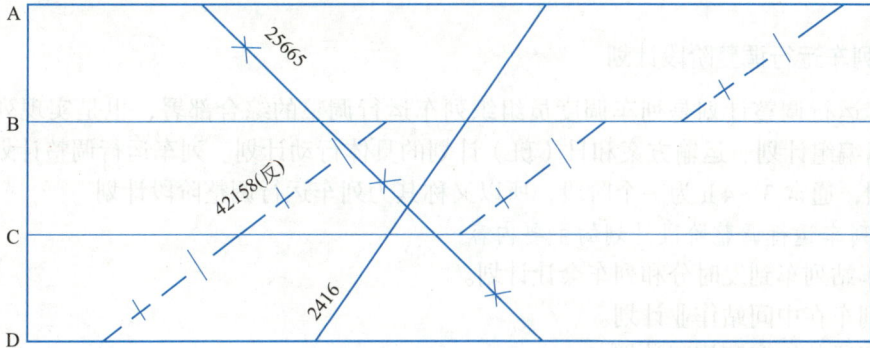

图 2-9　双线区段组织列车反方向行车

②组织列车合并运行。将两个在途列车（包括单机）合并成一条运行线运行，是列车调度员在调整列车运行时，为了缓和区间通过能力和车站到发线使用紧张时采取的一种运行调整方法。一般是对单机、小运转列车或牵引辆数较少而前方又无作业的列车采用此方法。

当技术站接车线路紧张时，把编组辆数较少的列车（如摘挂列车、小运转列车等）保留在技术站附近的中间站，与同方向的次一列车合并运行，可以缓和接车线路紧张的矛盾。

案例链接： 在图 2-10 中，将单机 51008 次列车与 32326 次列车合并，不但节省了一条运行线，而且还可以增加 32326 次列车的牵引力。

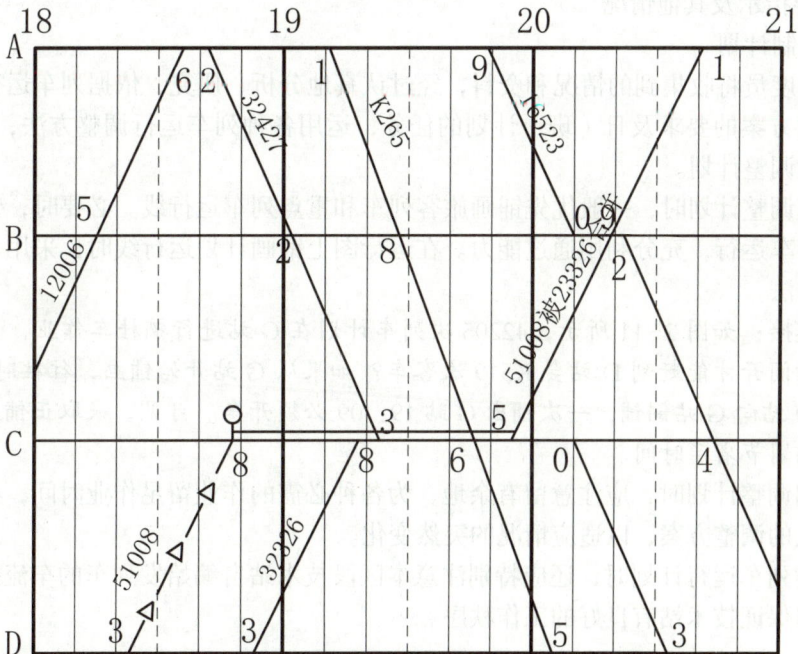

图 2-10　组织列车合并运行

知识点 3 列车运行调整阶段计划与列车运行实际图

1. 列车运行调整阶段计划

列车运行调整计划是列车调度员组织列车运行调整的综合部署，也是实现列车运行图、列车编组计划、运输方案和日（班）计划的具体行动计划。列车运行调整计划按阶段进行编制，通常 3~4 h 为一个阶段，所以又称其为列车运行调整阶段计划。

1）列车运行调整阶段计划的主要内容

① 车站列车到发时分和列车会让计划。

② 列车在中间站作业计划。

③ 区段装卸车和施工计划。

④ 重点列车注意事项。

2）列车运行调整阶段计划的编制方法

（1）收集资料

列车调度员在编制列车运行调整阶段计划时，需要了解和收集的资料主要有：

① 区段内各站现在车（空车分车种，重车分去向）情况及到发线占用情况；

② 邻台（局）及本区段内客、货列车实际运行情况；

③ 摘挂列车编组内容及前方站作业情况；

④ 技术站到发线使用和待发列车情况；

⑤ 机车整备及机车交路情况；

⑥ 区间装卸及施工情况；

⑦ 领导指示及其他情况。

（2）编制计划

列车调度员将收集到的情况和资料，经过认真地分析、研究，依据列车运行图、编组计划、运输方案的要求及日（班）计划的任务，运用各种列车运行调整方法，做出合理、切实可行的调整计划。

在编制调整计划时，一般优先铺画旅客列车和重点列车运行线。必要时，优先安排困难区间的列车运行，充分利用通过能力。在运行图上铺画计划运行线时，采用正铺与倒铺相结合的方法。

案例链接： 如图 2-11 所示，42205 次列车计划在 G 站进行摘挂车作业，作业量比较大，什么时间开才能赶到 D 站会 K519 次客车？如果从 G 站开始铺画，往往时间算不准，若采取从 D 站向 G 站倒铺，一次铺出 G 站 19：09 必须开车。可见，采取正铺与倒铺相结合的方法铺划节省了时间。

在编制调整计划时，应注意留有余地，为各种必需的作业留足作业时间，必要时可拟定两个以上的调整方案，以适应情况的突然变化。

在安排列车运行计划时，还应特别注意本区段技术站自编始发列车的车流接续线和机车交路，以保证技术站有良好的工作秩序。

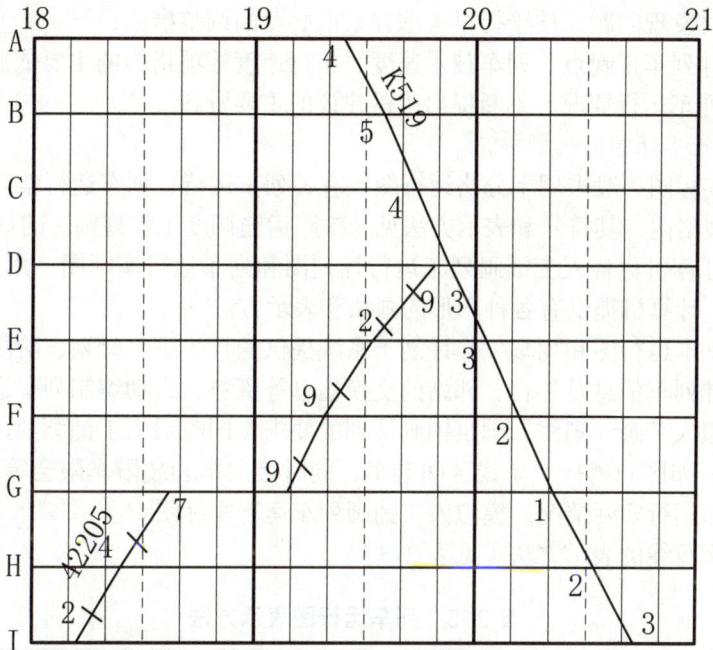

图 2-11　倒铺与正铺相结合地编制计划

在编制调整计划时，一般采用"满表铺线，分段编制"的方法。具体做法是：接班后，根据所掌握的情况粗线条地将列车计划线铺画到 18：00（6：00），然后按照 3~4 h 计划分阶段编制列车运行调整计划。在"满表铺线"的基础上，执行上一个阶段列车运行调整计划的同时，边收集资料，边铺画下一个阶段的列车运行计划。这样一步一步地进行，在列车运行计划执行前 1 h 编制完成。

（3）下达实施

列车调度员在列车运行调整阶段计划编制完成后，要及时下达给各站段。根据具体情况，可采取集中、分段或个别的方式下达计划。应向基层站段执行者交代清楚，使其明确计划意图，做到心中有数。

列车运行调整阶段计划下达后，仅仅是组织计划实施的开始。在执行计划的过程中，列车调度员要随时注意列车运行情况的变化，特别是对关键列车（如在旅客列车前面运行的货物列车，或旅客列车前面运行的旅客慢车等）和重点车站，要随时监督列车的运行，以便发现问题，及时采取调整措施，保证列车按计划安全正点运行。

2. 列车运行实际图

列车运行实际图，是记载一个调度区段内列车运行实际情况以及列车运行有关事项的图表。

1）列车运行实际图的作用

列车运行实际图的作用主要有以下几个方面：

① 可以随时掌握调度区段内的列车运行情况、有关车站到发线占用、作业情况及机车交路等；

② 可以及时发现问题，便于提早考虑并采取必要的调整措施；

③ 作为统计列车正晚点、列车技术速度、旅行速度等项指标的主要依据；

④ 是分析列车运行情况、不断提出改进建议的重要资料。

2）列车运行实际图的绘制方法

列车运行实际图一般采用十分格运行图，有关列车运行、列车运行整理符号应按规定填绘在指定的表格内，其符号和表示方法见《铁路运输调度工作规则》的规定。

目前可用计算机代替人工铺画列车运行计划图和列车运行实际图，用鼠标代替铅笔，用屏幕代替纸，计算机提供有各种图形的画法和表示方法。

根据列车基本运行图和列车工作计划子系统提供的日（班）计划、阶段调整计划、中间站计划、甩挂列车信息及邻台、邻站的交换信息等资料，自动编制列车运行调整阶段计划，计算机模拟人工画计划线，满足铺画计划的要求。同时对人工铺画的计划进行逻辑检查和安全检查（如区间越行、单线区间会车、同时接发车和超限车限会等检查）。计算机也可以根据列车运行实际情况，模拟人工铺画列车运行实际图。

（1）列车运行线的表示方法（见表2-3）

表2-3 列车运行图表示方法

列车种类	表示方法	备注
旅客列车、动车组检测列车、动车组确认列车、回送动车组列车、试运转动车组列车	红单线 ———	以车次区分
临时旅客列车	红单线加红双杠 —‖—‖—	
回送客车底	红单线加红方框 —□—□—	
160km/h 特需货物列车	橙单线加橙圈 —○—○—	
120km/h 特需货物列车	橙单线加橙方框 —□—□—	
80km/h 特需货物列车	橙单线 ———	
特快货物班列	蓝单线加红圈 —○—○—	
快运货物列车（普快货物班列除外）	蓝单线加蓝圈 —○—○—	
远程技术直达列车	蓝单线加蓝方框 —□—□—	
"点到点"快速货物列车	蓝单线 ———	
直达列车（普快货物班列）	黑单线加黑圈 —○—○—	
直通、自备车、区段及小运转列车	黑单线 ———	以车次区分
摘挂列车	黑单线加"+""|" —+—|—	
重载货物列车	蓝色断线 ----------	以车次区分（铁路局可根据具体情况补充规定）
冷藏列车	黑单线加红圈 —○—○—	
军用列车	红色断线 ----------	
回送军用列车	红色断线加红方框 --□--□--	
超限超重货物列车	黑单线加黑方框 —□—□—	
路用列车、试运转列车（不含动车组）	黑单线加蓝圈 —○—○—	以车次区分
单机	黑单线加黑三角 —▷—▷—	
高级专列及先驱列车	红单线加红箭头 —→—→—	以车次区分
救援、除雪列车	红单线加红"×" —×—×—	以车次区分
重型轨道车	黑单线加黑双杠 —‖—‖—	

（2）列车运行整理符号

① 列车始发、终止、在中间站临时停运及由邻接区段转来或开往邻接区段，其表示如图 2-12 所示。

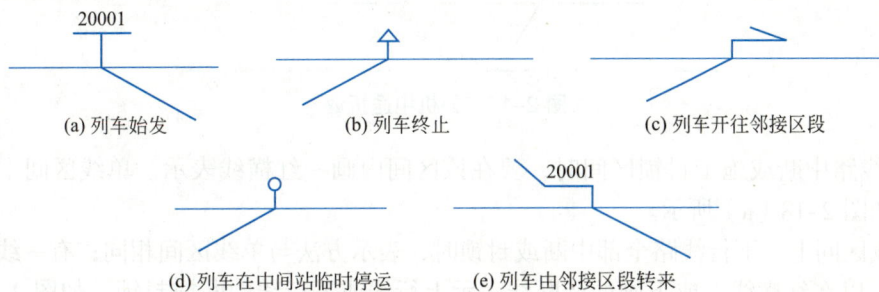

（a）列车始发　　　　　（b）列车终止　　　　　（c）列车开往邻接区段

（d）列车在中间站临时停运　　　（e）列车由邻接区段转来

图 2-12　列车到发、终止、临时停运、在邻接区段运行

列车到开时分记在钝角内。早点用红圈、晚点用蓝圈记于锐角内，圈内注明早、晚点时分。晚点原因可用略号注明，如因编组晚点可只写"编"字。

② 列车合并运行时（在列车运行线上注明某次列车被合并），其表示如图 2-13 所示。

③ 列车让车时，其表示如图 2-14 所示。

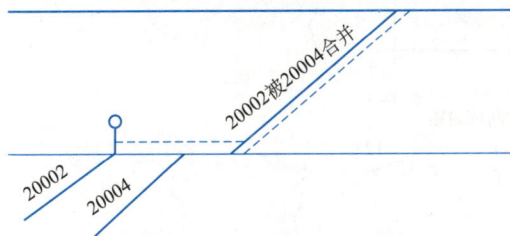

图 2-13　列车合并运行

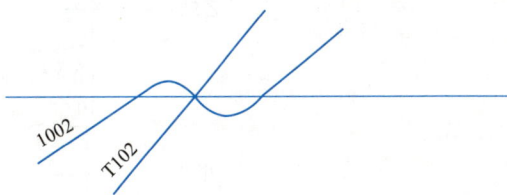

图 2-14　列车让车

④ 列车反方向运行时，在反方向运行区间的运行线上填写车次及"（反）"字，如图 2-15 所示。

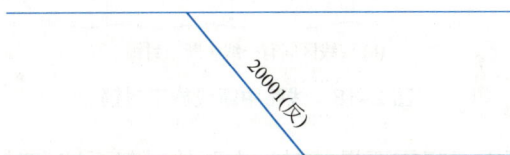

图 2-15　列车反方向运行

⑤ 列车在区间分部运行时，其表示如图 2-16 所示。

⑥ 补机中途折返时，其表示如图 2-17 所示。

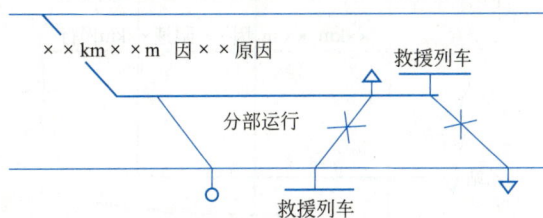

图 2-16　列车在区间分部运行

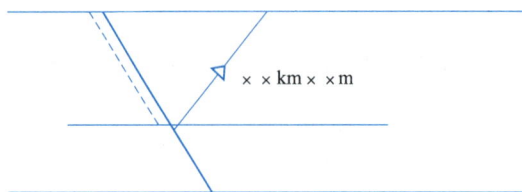

图 2-17　补机中途折返

⑦ 线路中断或施工封锁区间时，要在该区间内画一红横线表示。单线区间中断或封锁时，如图 2-18（a）所示。

双线区间上、下行线路全部中断或封锁时，表示方法与单线区间相同；有一线中断或封锁时，以在红横线上或下画的蓝断线表示上行线或下行线中断或封锁，如图 2-18（b）所示。

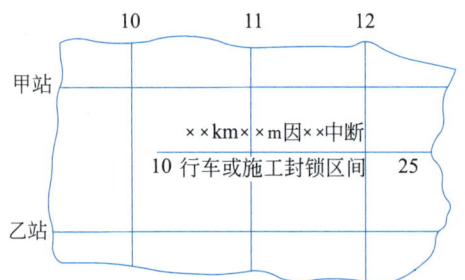

(a) 单线区间中断或封锁

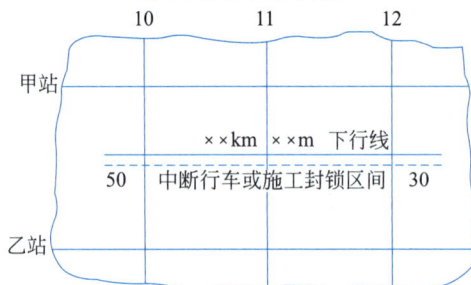

(b) 双线区间有一线中断或封锁

图 2-18　线路中断或施工封锁

⑧ 因施工或其他原因区间需要慢行时，由开始时起至结束时止，用红色笔画断线表示，并标明地点、原因、限制速度（如双线就应标明上行线或下行线），如图 2-19 所示。

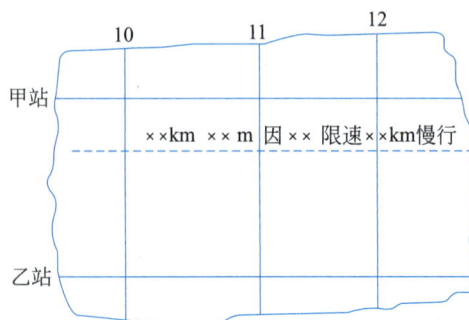

图 2-19　列车慢行

⑨ 列车在区间内有装卸作业时，要标明车次、作业地点、装卸货物品名，如图 2-20 所示。

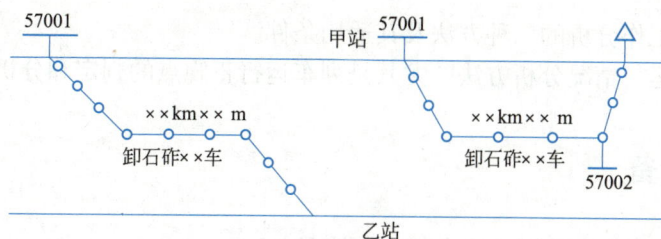

图 2-20　列车在区间内装卸作业

⑩ 列车在进站信号机外停车时，用红色笔画"△"，并标明停车时分，如图 2-21 所示。

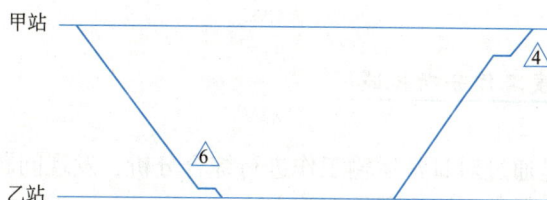

图 2-21　机外停车

⑪ 机车交路及机车出入库时间的表示方法：机车在本段交路用蓝色笔画实线，在折返段用黑色笔画实线，并在交路上逐列标明出入库时分，如图 2-22 所示。

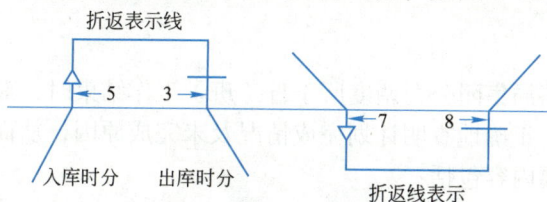

图 2-22　机车交路及机车出入库

任务 2.5　调度工作分析

2.5.1　拟完成的工作任务

主要掌握调度工作及列车运行的分析方法。

2.5.2 任务目的

① 掌握调度工作分析的三种方法及其适用条件。
② 掌握列车运行情况分析方法，尤其是列车运行正晚点的判定和分析方法。

2.5.3 所需设备

多媒体设备及列车运行图（给出正晚点情况）。

2.5.4 相关配套知识

知识点1 调度工作分析概述

调度工作分析，是通过对日常运输工作进行综合分析，发现问题，制定改进措施，不断提高调度工作质量，促进运输生产的有效方法。

各级调度部门必须配备调度分析人员，由具有较强业务水平和实践经验的人员负责本单位的调度分析工作。

调度分析工作分为日常分析、定期分析和专题分析。

1. 日常分析

日常分析是指铁路局集团公司调度所于日（班）工作结束时，对日（班）计划执行情况的分析。它能及时、正确地查明计划完成情况及未完成原因，从而迅速采取措施，解决工作中的问题。其主要内容包括：

① 运输经营任务（运输收入、运输营业收入、运输成本）完成情况；
② 装、卸车完成情况及夜间作业均衡完成情况；
③ 各种数量、质量指标完成情况；
④ 行包专列、"五定"班列开行情况；
⑤ 旅客、货物列车出发、运行和惯性晚点原因；
⑥ 分界站列车交接和排空车完成情况；
⑦ 运用车分布及车流状况；
⑧ 直达列车、成组装车完成情况，重点物资运输情况；
⑨ 列车欠重、超重及乘务员超劳情况；
⑩ 铁路局集团公司间分界口能力利用率情况；
⑪ "天窗"（时间、次数）利用率和兑现率的分析；
⑫ 列车机外停车的原因分析；
⑬ 调度工作安全情况分析。

2. 定期分析

定期分析是指根据日常运输工作完成情况，收集、积累有关资料，按时做出旬、月分析，并提出改进日常运输组织工作的意见和建议，以便及时采取技术组织措施。

3. 专题分析

专题分析，是指针对某一问题、某一项指标进行的专门分析。分析人员要深入实际，调查研究，善于发现问题，及时做出必要的专题分析，并提出改进意见或措施。

知识点 2 列车运行情况分析

列车运行情况分析又称为列车运行正晚点分析，主要是对旅客列车和货物列车按图行车情况和日（班）计划编制质量及执行情况的综合考核，通过分析查明晚点原因，提出改进意见。因此，列车运行情况分析是分析、改善运行秩序和运输指挥工作的主要依据。

列车正点率是列车按图行车情况分析的主要内容。为分析列车正点率，必须进行列车正晚点统计。列车正晚点统计，包括货物列车正晚点统计和旅客列车正晚点统计。

1. 统计范围

凡以货物列车车次（小运转列车车次除外）及军用列车车次（整列客车组成除外）开行的列车，均按货物列车统计。行包专列单独统计。

2. 统计依据

① 开行列车的车次以列车运行图为准；加开的列车以日（班）计划确定的车次为准。
② 列车升行时分的确定：
a）按列车运行图运行线开行的列车，根据图定时分统计；
b）临时定点运行的列车，根据日（班）计划规定的时分统计；
c）因影响行车的技术设备施工、维修，由铁路局集团公司以书面文件、电报或在运输方案中公布调整列车运行图中的列车运行时分，根据调整的时分统计。
③ 对有下列情况的列车，以列车发、到前下达的调度命令为准：
a）中转列车临时早点，提前利用空闲运行线运行时；
b）停运列车临时恢复运行时；
c）使用原车次在枢纽内变更始发或到达的编组站时；
d）在局管内整列重车或空车变更到站时；
e）编组站（区段站）编组的始发列车利用日（班）计划内中转列车空闲运行线提前开行时。

3. 列车出发及运行的划分

① 各站编组始发的列车，中间站恢复运行的停运列车，图定或日（班）计划规定原车次接续在编组站、区段站进行技术作业中转出发的列车，均按出发统计。

②列车由出发至运行区段的终到站（包括中间站），按运行统计。

③铁路局集团公司分界站为中间站时，除本站编组始发列车和停运列车恢复运行外，均不统计发出。对经过分界站的列车按两个运行统计（即由列车出发至分界站为一个运行，由分界站至列车运行区段终到站为另一个运行），分界站所属局由分界站接入时分为运行开始，以分界站交出时分为运行终止。

④在国境、新线、地方铁路分界站，向国外、新线、地方铁路发出的列车，不统计出发；国外、新线、地方铁路分界站向营业线发出的列车，统计编组始发。

⑤在编组站、区段站图定不进行技术作业的列车，中间站临时更换机车继续运行的列车（因自然灾害、事故而机车不能摘走的停运列车除外），不统计出发和运行。

⑥列车在干支线衔接的中间站，由于变更运行方向而变更车次，根据机车交路图，若不更换机车，则按一个运行区段统计；若更换机车，则按两个运行区段统计（临时更换机车除外），如图2-23所示。

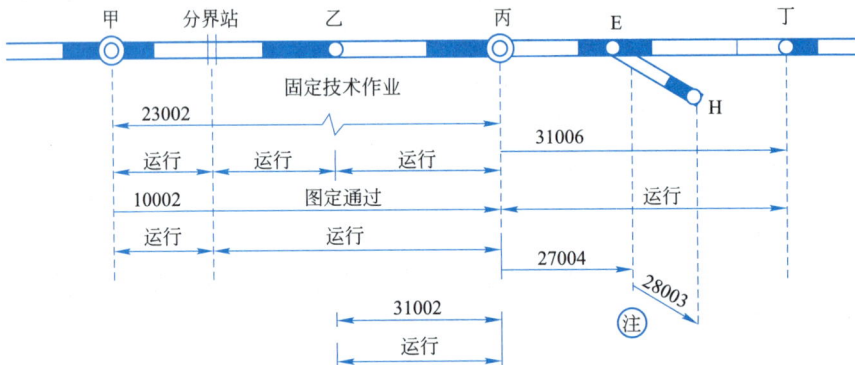

图2-23　货物列车运行统计区段的规定示意图

（注：在中间站规定换机车时按两个运行统计，否则按一个运行统计）

4. 列车出发及运行正点的统计方法

1）列车出发及运行正点晚点的相关规范

（1）按出发正点统计的编组始发列车

①根据日（班）计划规定的车次，按图定的时分正点或早点不超过15 min出发时。

案例链接： 如图2-24所示，原计划10002次列车乙站19：15开，若10002次列车乙站19：00—19：15出发，该列车统计为出发正点。

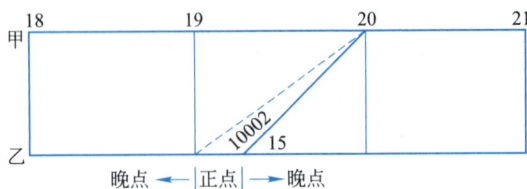

图2-24　列车按出发正点统计的情况示例

②日（班）计划规定以图定运行线到达的中转列车，因临时停运或晚点在执行的日（班）计划内不能到达时，编组站、区段站根据发车前的调度命令，利用该运行线提前开行日（班）计划规定的编组始发车次的列车，正点或早点不超过15 min出发时。

除以上情况外，利用该运行线开行的编组始发列车，出发按晚点统计。

（2）按出发正点统计的中转列车

① 根据日（班）计划规定按图定接续运行线正点、早点出发或晚点不超过到达运行线图定接续中转时间出发时。这里的到达列车运行线指列车按日（班）计划或调度命令规定所走的运行线。

案例链接： 如图 2-25（a）所示，10013 次列车乙站中转，10013 次列车按图定接续运行线正点、早点出发，按出发正点统计；如图 2-25（b）所示，10013 次列车晚点 10 min 到达乙站，到达运行线接续中转时间为 60 min，则 10013 次列车只要从到达时起，在接续中转时间 60 min 以内出发，统计为出发正点。

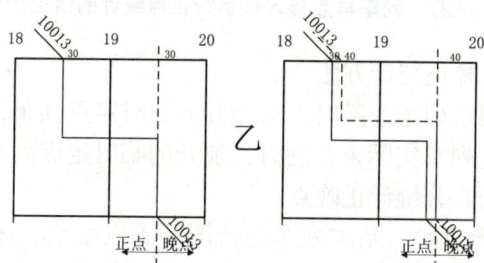

图 2-25 中转列车按出发正点统计的情况示例

② 直达列车原利用的运行线已终止，按日（班）计划规定以原车次另行接续的运行正点、早点出发或晚点不超过日（班）计划规定接续的中转时间出发时。

③ 中转列车临时早点，根据发车 1 h 前调度命令提前利用空闲运行线正点、早点出发或晚点不超过到达运行线图定接续中转时间出发时。此处的空闲运行线指基本列车运行图中日（班）计划未使用的运行线，或日（班）计划规定使用但又以调度命令利用其他运行线运行，或临时停运的运行线。

中转列车临时晚点，利用空闲运行线出发时，仍按到达运行线图定接续的中转时间统计正晚点。

（3）按运行正点统计的列车

① 按列车出发所走运行线的时分正点、早点或晚点不超过规定旅行时间到达时。

案例链接： 如图 2-26 所示，10004 次列车乙站图定 8：00 出发，到达甲站时间为 11：15，规定旅行时间为 3 h 15 min。如果 10004 次列车乙站 9：00 出发，只要在 12：15 及以前到达甲站，该列车统计为运行正点。

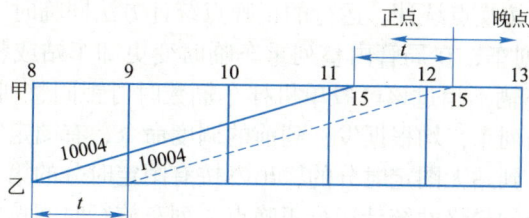

图 2-26 列车晚点出发按运行正点统计的情况示例

② 分界站为中间站，列车早点超过 15 min 接入，正点、早点到达时。

案例链接： 如图 2-27 所示，A 为分界站，10013 次列车原定乙局 19：20 接入，21：50 到达乙站，现 10013 次列车乙局早点 30 min 接入，在 21：50 及以前到达乙站，按运行正点统计。

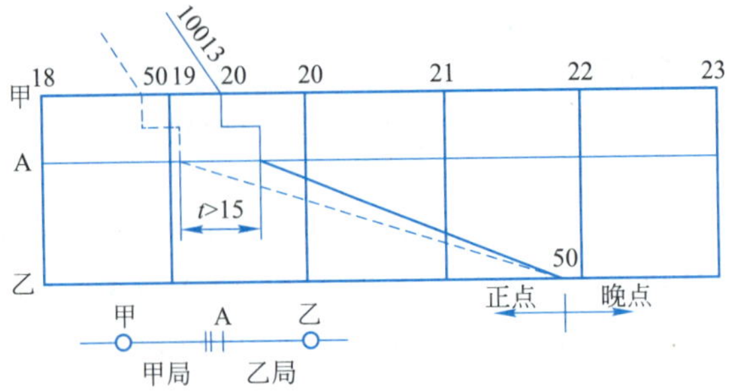

图 2-27　列车早点接入按运行正点统计的情况示例

（4）临时定点列车正晚点统计方法

按基本列车运行图图定列车开满时，对加开的临时定点列车，根据日（班）计划规定的时分统计正晚点；图定列车实际未开满时，加开的临时定点列车，出发按晚点统计，运行按日（班）计划规定的时分统计正晚点。

在统计列车出发正晚点时，基本列车运行图开满以编组、区段站实际发出的列车计算；摘挂列车运行线与其他货物列车运行线分开计算；干支线衔接的区段，列车对数分别计算；运行图规定在中间站始发和到达的列车未开满，但全区段运行的列车已开满，视为列车运行图已开满。

限速列车、有时间限制的军用列车、在区间整列装卸的列车、停运列车恢复运行以及开行运行图以外的阶梯直达列车，在作业站间的临时定点，均按日（班）计划规定的时分统计正晚点。

（5）停运列车正晚点统计方法

① 日（班）计划规定开往中间站的停运列车（摘走机车），按日（班）计划规定统计运行正晚点。

② 列车临时在中间站停运，运行按晚点统计。

③ 中间站停运列车临时恢复运行，根据发车前调度命令指定的空闲运行线或临时定点（到局管内前方第一编组站或区段站的时分）统计正晚点。

（6）其他情况统计方法

① 除由邻局接入的日（班）计划以外开行的列车，根据所走运行线或开车前调度命令指定的时分统计正晚点外，日（班）计划以外开行的列车或日（班）计划中一条运行线规定两个车次时，出发按晚点统计。运行的正晚点统计方法同临时定点列车。

② 变更发到站的列车，在局管内整列重车临时变更卸车站或整列空车临时变更配空站（变更后如有剩余车辆不超过该区段单机挂车辆数时可视同整列），以及枢纽内临时变更始发或到达编组站的列车，均根据发、到前的调度命令，有图定时分的按图定时分统计正晚点；变更后的发、到站无图定时分的，出发按有图定时分的第一个车站统计出发正晚点，运行按有图定时分的最终站统计运行正晚点。列车旅行时间按实际发、到站的时分统计。除上述情况外，临时变更发、到站的列车，出发或运行均按晚点统计。

③ 合并运行列车，根据日（班）计划规定的列车车次分别进行统计。

④ 列车车次应保持到列车编组计划或日（班）计划规定的终到站。中途变更车次

（包括变更为小运转车次）时：在编组站（区段站）变更，出发按晚点统计，运行按所走运行线统计；在中间站变更，运行按晚点统计。

⑤ 根据日（班）计划规定在中间站始发或终到的列车，如使用的运行线列车运行图规定为通过时分，按附加的起停车时分统计正晚点。

（7）行包专列、"五定"班列正晚点统计

凡以行包专列、"五定"班列列车车次（包括货物"五定"班列、集装箱"五定"班列）开行的列车，一律按基本列车运行图固定时分统计列车出发、运行正晚点。

（8）货物列车正晚点报表（运报-6，见表2-4）。

表 2-4　货物列车正晚点报表

局或区段别	出发									运行								
	货物列车总列数	其中正点列数	正点率/%	其中			行包专列总数	其中正点列数	正点率/%	货物列车总列数	其中正点列数	正点率/%	其中			行包专列总数	其中正点列数	正点率/%
				"五定"班列总数	其中正点列数	正点率/%							"五定"班列总数	其中正点列数	正点率/%			
1	2	3	4	5	6	7	8	9	10	11	12	13	14	15	16	17	18

2）列车出发及运行正晚点的统计

（1）货物列车正点率的计算

$$货物列车出发正点率（3栏）=\frac{出发正点列数（2栏）}{出发总列数（1栏）}\times100\%$$

$$货物列车运行正点率（12栏）=\frac{运行正点列数（11栏）}{运行总列数（10栏）}\times100\%$$

（2）旅客列车正晚点的有关规定统计

旅客列车正晚点统计与货物列车不同，其主要区别为：

① 旅客列车出发，只在列车始发站考核正晚点和统计出发列数。因旅客列车不准早开，所以没有关于列车早点开车的规定。

② 旅客列车运行正晚点，不是按区段而是按铁路局集团公司管内旅行时间进行考核。

③ 旅客列车运行正点率分为到达正点率、交口正点率和总运行正点率三种。

5. 列车正晚点分析

列车正点率高，说明列车按图行车情况好，列车运行秩序正常。对于晚点列车，必须逐列分析晚点原因，查明责任。

案例链接： 表2-5为某铁路局集团公司某月上旬货物列车出发晚点的分析资料。由表中不难看出，在所有晚点列车中，由于车务部门责任造成的晚点占50%，由于机务部门的责任造成的晚点占40%。由此可见，列车晚点的责任主要在车务部门和机务部门。再进一步分析，由于车流接续不好，造成列车等轴晚点占28%，由于机车交路问题造成列车晚点占24%，两者合计占列车晚点总数的52%。为找出问题的根源，对等轴晚点还应分析其是日（班）计划编制质量问题，还是邻局或邻区段来车计划不准问题；对于机车交路问题，也应分析是计划交路时间不足造成的，还是到达列车晚点造成的。若多半是由于日（班）计划编制质量问题，那么就要在提高计划人员的业务水平上采取措施。

表 2-5　货物列车出发晚点的分析资料示例

部门	车务责任							机务责任					其他责任								合计
原因	编组	等轴	机交	不当	会让	其他	合计	机交	机故	出库	其他	合计	车辆	工务	电务	客运	货运	外局	其他	合计	
晚点列数	1	14		3	5	2	25	12	3		5	20	2	1			2			5	50
占比/%	2	28		6	10	4	50	24	6		10	40	4	2			4			10	100

知识点 3　货车周转时间分析

货车周转时间是衡量货车运用质量的主要指标之一，在较大程度上体现了运输工作组织水平，因而它成了各级运输指挥人员重视的目标。在运输分析工作中，不管是日常分析，还是定期分析，对货车周转时间的分析都是必不可少的内容。

货车周转时间是指货车每完成一次周转（完成一个工作量）平均消耗的时间。其计算方法分为车辆相关法和时间相关法两种。

1. 用车辆相关法分析

在日常分析中，由于受时间和资料的限制，多采用车辆相关法分析。分析的方法是以实际完成的货车周转时间（$\theta_{实际}$）与技术计划规定的货车周转时间标准（$\theta_{标准}$）相比较。

案例链接： 表 2-6 中，货车周转时间 $\theta_{实际}$ 较 $\theta_{标准}$ 压缩了 0.02 d，说明当日运输工作情况是好的。但进一步分析可看出，这一成绩主要是由于注意了空车的运用，是由于空车周转时间显著降低产生的。而管内工作车的周转时间不但没有压缩，而且比计划还延长了 0.11 d。这说明管内工作车的输送和卸车工作组织得不好，以致卸车任务没有完成，造成管内重车积压，由此可见仍有潜力可控，接下来应对自装管内工作车进行适当控制，加强卸车组织工作。

表 2-6　某局货车周转时间分析资料

运用车分类		运用车保有量/车			工作量/车			货车周转时间/d		
		标准	实际	差	标准	实际	差	标准	实际	差
运用车总数		6 710	6 696	−14	6 100	6 200	100	1.10	1.08	−0.02
其中	空车	1 080	740	−340	3 600	3 700	100	0.30	0.20	−0.10
	管内工作车	3 070	3 156	86	2 900	2 700	−200	1.06	1.17	0.11
	移交重车	2 560	2 800	240	3 200	3 500	300	0.80	0.80	0

2. 用时间相关法分析

进行定期分析和专题分析时，一般都采用时间相关法分析。这种分析方法，除查明货车周转时间完成情况外，还可以分析各项因素完成情况对货车周转时间的影响，查明主观努力的程度，从而提出改进措施。其分析方法主要有以下3种。

1）以实际完成货车周转时间（$\theta_{实际}$）与计划规定货车周转时间标准（$\theta_{计划}$）对比

实际完成货车周转时间（$\theta_{实际}$），是以多项因素实际完成的数值代入时间相关法公式求得的，计算公式如下：

$$\theta_{实际} = \frac{1}{24}\left(\frac{l}{v_{旅}} + \frac{l}{l_{中}}t_{中} + K_{管}t_{货}\right)$$

式中：l——全周距，km；

$v_{旅}$——旅行速度，km/h；

$l_{中}$——中转距离，km；

$t_{中}$——中转时间，h；

$t_{货}$——一次货物作业时间，h；

$K_{管}$——管内装卸率。

案例链接：丙局某月货车运用指标计划与实际完成情况见表2-7。若取$K_{管}=0.75$，则其实际完成的货车周转时间（$\theta_{实际}$）为：

$$\begin{aligned}\theta_{实际} &= \frac{1}{24}\left(\frac{l}{v_{旅}} + \frac{l}{l_{中}}t_{中} + K_{管}t_{货}\right)\\ &= \frac{1}{24}\left(\frac{230}{35} + \frac{230}{102}\times 5.1 + 0.75\times 11.0\right) = 1.10 \text{（d）}\end{aligned}$$

实际完成时间与时间标准相对比：

$$\theta_{实际} - \theta_{标准} = 1.10 - 1.12 = -0.02 \text{（d）}$$

表2-7 丙局某月货车运用指标计划与实际完成情况

指标名称	使用车/车	卸空车/车	接运重车/车	工作量/车	全周距/km	中转距离/km	中转时间/h	一次货物作业时间/h	旅行速度/（km/h）	管内装卸率	货车周转时间/d	运用车保有量/车	货车日车公里/km
计划	747	550	1 058	1 805	268	102	5.0	9.9	40.5	0.72	1.12	2 026	239
实际	755	609	1 058	1 813	230	102	5.1	11.0	35.0	0.75	1.10	1 994	213

由上述计算比较，表面观察，该局货车周转时间缩短0.02 d，似乎工作成绩不错。但如详细分析，则事实并非如此。从表2-7可以看出，该局中转时间、一次货物作业时间、旅行速度等指标都没有完成，其货车周转时间的缩短，主要是由于全周距缩短起了作用。因而应进一步分析各项因素对货车周转时间的影响。

2）分析各项因素完成情况对货车周转时间的影响

一般采用"单因素法"，就是假定除要分析的某一因素外，其他因素都按计划完成，分析该项因素对货车周转时间的影响。

分析由于旅速的实际完成情况对货车周转时间的影响时，是将时间相关法中含有旅速这一因素的项$\left(\frac{1}{24}\times\frac{l}{v_{旅}}\right)$，分别以$l$代入计划值，$v_{旅}$代入实际值和计划值，对这两者所求结果进行比较。例如，对于表2-7中所列资料，$v_{旅}$的影响为：

$$\frac{1}{24} \times \frac{268}{35} - \frac{1}{24} \times \frac{268}{40.5} = 0.319 - 0.276 = 0.043 \, (\text{d})$$

按表 2-7 资料,列表分析丙局该月各项指标完成情况对货车周转时间的影响,结果见表 2-8。

表 2-8　丙局各项指标完成情况对货车周转时间的影响

分析	项目		
	实际 /d	计划 /d	实际与计划比较 /d
全周距影响	$\frac{1}{24}\left(\frac{230}{40.5} + \frac{230}{102} \times 5\right) = 0.706$	$\frac{1}{24}\left(\frac{268}{40.5} + \frac{268}{102} \times 5\right) = 0.823$	0.706－0.823＝－0.117
中转时间影响	$\frac{1}{24}\left(\frac{268}{102} \times 5.1\right) = 0.558$	$\frac{1}{24}\left(\frac{268}{102} \times 5\right) = 0.547$	0.558－0.547＝0.011
一次货物作业时间影响	$\frac{1}{24}\left(0.72 \times 11\right) = 0.33$	$\frac{1}{24}\left(0.72 \times 9.9\right) = 0.297$	0.33－0.297＝0.033
旅行速度影响	$\frac{1}{24} \times \frac{268}{35} = 0.319$	$\frac{1}{24} \times \frac{268}{40.5} = 0.276$	0.319－0.276＝0.043
管内装卸率影响	$\frac{1}{24} \times 0.75 \times 9.9 = 0.309$	$\frac{1}{24} \times 0.72 \times 9.9 = 0.297$	0.309－0.297＝0.012
中转距离影响	本月实际完成与计划相同		0
合计			－0.018

3）以换算货车周转时间分析

在影响货车周转时间的各项因素中,中转时间、一次货物作业时间及旅行速度主要取决于主观努力程度,称为主观因素;全周距、中转距离及管内装卸率受客观条件影响较多,称为客观因素。

为了分析货车周转时间完成情况,检查主观工作做得好坏,还经常以换算货车周转时间 $\theta_{换}$ 来进行分析。

所谓换算货车周转时间,是用三项客观因素的实际数字和三项主观因素的计划数字代入计算公式,求得计算结果。即

$$\theta_{换} = \frac{1}{24}\left(\frac{l_{实}}{v_{中}^{计}} + \frac{l_{实}}{l_{中}^{计}} \times t_{中}^{计} + K_{管}^{实} \times t_{货}^{计}\right)$$

案例链接： 丙局货车周转时间各项因素的计划数值如表 2-7 所示,则换算货车周转时间（$\theta_{换}$）为：

$$\theta_{换} = \frac{1}{24}\left(\boxed{\frac{230}{40.5}} + \boxed{\frac{230}{102}} \times 5.0 + \boxed{0.75} \times 9.9\right) = 1.02 \, (\text{d})$$

注：式中带“□”数字为该项因素的实际完成数值。

以实际完成货车周转时间与换算货车周转时间进行比较：

$$\theta_{实际} - \theta_{换} = 1.10 - 1.02 = 0.08 \, (\text{d})$$

从上述分析资料可见,丙局该月货车周转时间,从表面上看缩短了 0.02 d,但这主要

是由于全周距缩短 38 km，使货车周转时间缩短了 0.117 d 所致。虽然在该月由于管内装卸率的增大而造成周转时间增大了 0.012 d，但由于主观努力不够，中、停、旅时均未按计划完成，使货车周转时间比应完成的换算货车周转时间延长了 0.08 d。其中，中转时间贡献 0.011 d，一次货物作业时间贡献 0.033 d，旅时贡献 0.043 d。今后应加强调度指挥，抓好车站工作组织，提高货车运用效率。

知识点 4　运用车保有量分析

运用车保有量是指全路、铁路局集团公司为完成一定的货车工作量所应保有的运用货车数，是衡量铁路局集团公司运输工作的一项重要指标。在定期分析中，需对运用车保有量进行分析，其分析方法如下。

1. 分析运用车总数

① 用实际运用车保有量（$N_{实}$）与计划运用车保有量（$N_{计}$）进行比较，以查明占用运用车节省或浪费。其计算式为：

$$\Delta N = N_{实} - N_{计}$$

表 2-7 中，$\Delta N = 1\,994 - 2\,026 = -32$（车）

② 按实际完成的工作量，计算应该保有的运用车数，与实有车数进行比较：

$$\Delta N' = N_{实} - U_{实}\theta_{标准}$$

表 2-7 中，$\Delta N' = 1\,994 - 1\,813 \times 1.12 \approx -37$（车）

③ 把上式中的货车周转时间改用换算货车周转时间计算，则

$$\Delta N'' = N_{实} - U_{实}\theta_{换}$$

表 2-7 中，计算结果如下：

$$\Delta N'' = 1\,994 - 1\,813 \times 1.02 = 144.74 \approx 145 \text{（车）}$$

以上三种计算结果，一种是简单的数字比较，从表面看实际少占用运用车 32 车；另两种是从完成的工作量大小看运用车占用多少。其中按月计划规定的货车周转时间标准与实际完成的工作量计算，节省运用车 37 车；若按换算周转时间与实际完成的工作量计算，浪费运用车 145 车。两种计算结果完全相反。从分析运输组织工作水平的观点，应该排除客观因素影响，该铁路局集团公司由于主观指标完成得不好反而多占用了运用车 145 车。

2. 分析各种运用车保有量的大小

分析运用车保有量的大小，即分别将管内工作车、移交重车和空车的实际保有量与计划数字相比较，并查明原因，采取调整措施。

对以上案例计算结果做综合分析，结果如表 2-9 所示，从中可以发现：该铁路局集团公司实际运用车总数减少 32 车，空车数与计划持平，管内工作车比计划减少 50 车，说明卸车工作组织得较好，唯有移交重车比计划增加了 18 车，说明移交车组织得不好，尤其是丁分界站的移交车流增加了 40 车，积压严重。

表 2-9　运用车保有量分析表

项目		标准 / 车	实际 / 车	差
运用车总数		2 026	1 994	−32
管内工作车数		583	533	−50
空车数		430	430	0
移交重车数		1 013	1 031	+18
其中	乙分界站	540	518	−22
	丁分界站	473	513	+40

根据以上分析，可以提出以下调整措施：

① 管内工作车保有量不足，将影响铁路局集团公司卸车任务的完成，所以下一步应多装管内工作车；

② 对自装移交车，应限制经丁分界站的移交车的装车，以减少该分界站的交车压力，并注意做好该分界站的交车工作。

【项目考核】

1. 理论考核

完成以下题目，获得理论考核分数，满分为 50 分。

（1）铁路运输调度的基本任务是什么？

（2）铁路局集团公司调度部门的组织系统是如何构成的？

（3）铁路运输调度有哪些基本工作制度？

（4）调度组织机构是如何设置的？

（5）车流调整分为哪几种？

（6）重车调整的主要方法有哪些？

（7）18 点运用车保有量如何推算？

（8）何谓有效车？根据什么确定？

（9）日（班）计划卸车数和应卸车数如何确定？

（10）日装车计划根据什么确定？

（11）分界站次日交车计划（车数、列数）如何确定？

（12）日计划指标如何计算？

（13）管内工作车输送计划如何编制？

（14）列车运行调整计划的主要内容是什么？所依据的资料主要有哪些？

（15）列车运行调整计划是如何编制的？

（16）进行列车运行计划调整的常用方法有哪些？

（17）调度分析工作的目的是什么？

（18）调度分析工作分为哪三种？主要内容是什么？

（19）货物列车正晚点统计中，列车出发和运行如何划分？

（20）货物列车出发和运行正点的统计有哪些规定？

（21）货车周转时间分析方法有哪两种？各自的分析方法是什么？

（22）何谓货车换算周转时间？如何计算？如何运用换算周转时间、单因素分析法分析货车周转时间？

（23）何谓运用车保有量？如何分析？

2. 实践考核

完成以下任务，获得实践考核成绩，满分为 30 分。

已知：A—E 间部分列车运行图如图 2-28 所示，各站 $\tau_{不}$=4 min，$\tau_{会}$=2 min，$\tau_{连}$=5 min，$t_{起}$=2 min，$t_{停}$=1 min，现预计客 3002 次列车晚点 20 min，其他列车正点运行。

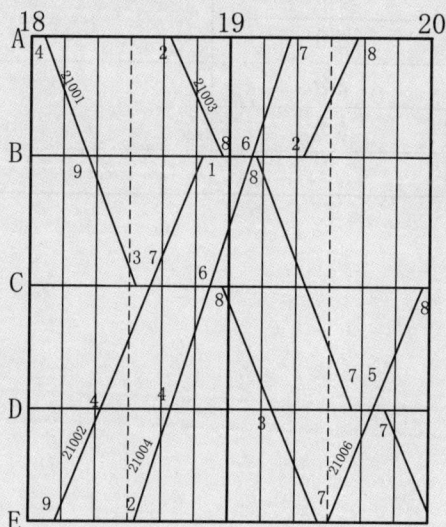

图 2-28 A—E 列车运行图

要求： 在图 2-29 中编制列车运行调整计划。

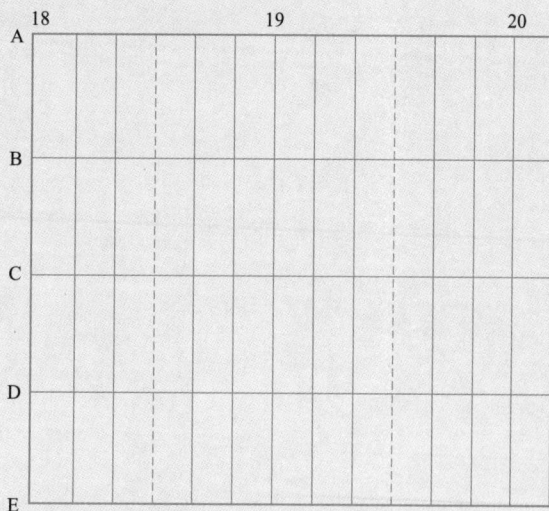

图 2-29 A—E 列车运行调整计划

3. 素质考核

通过考核以下项目，获得素质考核成绩，满分为 20 分。

本项目的考核成绩表见表 2-10。

表 2-10 项目 2 考核成绩表

序号		总分	得分	亮点
1. 理论考核		50 分		
2. 实践考核		30 分		
3. 素质考核	出勤情况	5 分		
	课前预习情况	5 分		
	课堂表现	5 分		
	任务完成情况	5 分		
总分：			教师签名：	

项目 3 分散自律调度集中系统

【项目描述】

调度集中（centralized traffic control, CTC）系统是利用遥信和远动技术实现行车调度远程控制的系统，是铁路运输生产指挥现代化的重要手段。调度集中可以有效提高铁路运输的生产效率，大大减轻车站值班员和调度员的工作强度。本项目主要从分散自律 CTC 的特点及其与传统列车调度指挥系统（train dispatch command system, TDCS）区别的角度对 CTC 系统进行讲解，使同学们对 CTC 系统在铁路中的应用有一个具体的了解。

【知识目标】

① 了解 CTC 的含义。
② 掌握分散自律 CTC 的特点。
③ 认识分散自律 CTC 系统的构成。
④ 熟悉分散自律 CTC 系统的功能。

【能力目标】

① 能够对比出传统 TDCS 与分散自律 CTC 之间的区别。
② 能够熟练操作 CTC 设备。

任务 3.1   CTC 认知

3.1.1   拟完成的任务

传统的行车指挥一直停留在一张纸、一支笔和一部电话的传统人工指挥阶段，而传统的调度集中系统仍然停留在人工控制阶段，一个助理调度员需要控制几个，甚至十几个车站，工作负担和责任都较大。通过本任务的学习，了解分散自律 CTC 的出现到底对铁路行车调度指挥有着怎样的影响。

3.1.2   任务目的

① 明白 CTC 的含义。
② 熟练掌握分散自律 CTC 系统的特点。
③ 了解 CTC 在国内铁路上的应用情况。

3.1.3   所需设备

列车运行指挥中心和相关学习视频。

3.1.4   相关配套知识

知识点 1   分散自律 CTC 特点

调度集中系统是综合了通信、信号、运输组织、现代控制、计算机、网络等多学科技术，实现调度中心对某一区段内的信号设备进行集中控制、对列车运行进行直接指挥和管理的技术装备。调度集中系统具有一定的智能性，能够自动生成调度计划，并依据调度计划自动选择适当的进路，控制相应的联锁设备动作。

分散自律 CTC 系统应用智能化分散自律设计原则，以列车运行调整计划控制为中心，解决列车作业与调车作业在时间与空间上的冲突，实现列车作业和调车作业统一控制。该系统采用先进的计算机通信技术，通过计算机网络把调度计划和调度命令下传到各个车站自律机，由车站自律机按照调度计划进行自律执行，并由相应的外围设备采集铁路沿线的各种实时信息，再传送到调度集中的中央服务器，实现列车跟踪、监督报警、运行图自动绘制等功能。

1. 传统 CTC 系统存在的主要问题

① 智能化程度不高。

② 交放权频度过大。

③ 车次号技术存在一定的问题。

④ 可靠性水平低。

⑤ 无线通信手段不能满足要求。

2. 新一代 CTC 系统的特点

① 新一代 CTC 系统是智能化系统。该系统能最大限度地将行车人员从烦琐的工作及运输安全生产的压力下解放出来，包括自动列车进路、自动记录列车实时信息等，有效地提高调度人员的工作效率，降低调度工作中的差错率。

② 新一代 CTC 系统是分散自律系统。该系统吸取传统 CTC 的经验和教训，充分考虑中国铁路客货混跑、调车作业多的实际情况，采用"分散自律（distributed autonomic system）"的理论，将调车控制纳入 CTC 功能中来，无须切换控制模式即可实现行车作业和调车作业的协调办理，并且能够进行无人值守车站的调车作业，从而将调度集中的优势彻底地发挥出来。

③ 新一代 CTC 系统不仅面向列车作业，同时解决沿线车站调车作业问题。该系统没有中心控制权和车站控制权之分，只有指令不同来源之分，通过列车运行阶段调整计划进行来自多处指令的自律，科学、合理地解决中心控制与车站控制（含调车作业）的矛盾。

④ 新一代 CTC 系统不但适应有人车站，也适应无人车站。在无线通信系统、车次号校核子系统、无线调度命令传送系统、列车编组顺序电子信息的基础上，增加自动预告系统，可以在中间站实现行车、调车作业控制无人化。

⑤ 新一代 CTC 系统充分体现 TDCS 平台的基础作用。该系统在 TDCS 的基础上，实现列车运行计划自动调整、实际运行图自动描绘、调度命令自动下达、事件自动记录，并能为统计分析提供原始数据，使行车调度员彻底摆脱老三件，进而将工作重点转至行车计划的管理、调整，确保列车按图安全、正点、高效运行，提高运输效益和效率。

3. CTC 与 TDCS 的关系

新一代 CTC 系统本着"以 TDCS 为平台，以 CTC 为核心"的原则来进行开发。CTC 系统包含了 TDCS 的所有功能，如列车运行监视、车次号自动跟踪、到发点自动采集、实际运行图自动生成、阶段计划的自动调整、调度命令的网络下达、车站行车日志自动生成等，在此基础上进一步实现了车站信号设备的集中控制、列车进路的按图排路和调车控制。在软件、硬件设备及网络传输通道上，该系统将最大限度地利用既有 TDCS 系统的资源。因此，新一代 CTC 系统所具备的功能很多是已经在 TDCS 系统上实现的功能。

知识点 2　CTC 在国内铁路上的应用

CTC 在国内铁路上的应用经历了传统 CTC 和分散自律 CTC 两个阶段。20 世纪 60 年代开始使用传统 CTC，20 世纪 70 年代在陇海线有过较长时间的应用，后停用。2003 年 10 月开通的秦沈客运专线继续采用传统 CTC。青藏线和胶济线使用的是分散自律 CTC。

1. 在青藏线的应用

青藏铁路穿越高海拔、高寒缺氧的青藏高原，为了实现"高速度、免维护、无人化"的目标，青藏铁路行车指挥采用了新一代 CTC 指挥系统，同时还部署了增强型列车控制系统（ITCS）和 GSM-R。全线分为西宁—哈尔盖、哈尔盖—格尔木、格尔木—拉萨 3 个调度台。西宁—哈尔盖区段（以下简称西哈段）全长 176 km，全线为单线计轴自动闭塞，17 个车站中有 10 个无人值守车站；哈尔盖—格尔木区段全长 653 km，33 个车站纳入调度集中；格尔木—拉萨段全长 1 142 km，45 个车站中有 38 个无人值守车站。

以西哈段为例，该段的 CTC 系统实现了对电气集中和计算机联锁车站的全覆盖控制，以及同机车的无线联系，从而能够依据列车运行计划自动控制车站列车进路、调车进路，以及调度命令、行车凭证及列车预告信息到机车的无线传输。车站接发列车和无人站调车作业的全过程全部由调度所行车台承担。对于有人站，调度中心也可将列车作业和调车作业部分或全部交给车站承担。

在实际应用中，也存在一些问题。例如，对于西宁站、哈尔盖站，由于接发列车、调车作业频繁，并时常有机车出入库，自动排列进路效率较低，不能满足日常生产需要，给现场造成不便。又如小桥站，衔接 3 个方向，当 3 个方向同时接车时，系统识别车次、判断方向较慢，不能及时排列出正确进路，容易造成列车在小桥站站内停车，经常需要人工干预，手工排列进路。这说明当车站调车作业较多或列车作业较为复杂时，CTC 集中控制的优势并不能得到很好的发挥。

作为新一代 CTC 的第一个试点，分散自律 CTC 系统在青藏线的应用基本上是成功的，几年的良好运行证明了这一点。但是，对于列车作业和调车作业的冲突，并没有提出较好的解决办法。由于青藏线运量不大，这一问题表现得并不突出。

2. 在秦沈客运专线的应用

秦沈客运专线全长 404.65 km，为双线电气化铁路，设计行车速度 200 km/h。其中山海关站至皇姑屯站为新建干线区段，全长 371 km，包括 6 个车站和 22 个区间无人中继站，列车运行指挥采用传统 CTC 系统。新建干线区段为双线双向自动闭塞，区间不设通过信号机，以车载信号为主体信号，同时设置应答器实现车–地通信。区段采用列控联锁一体化设备，实现列车的追踪运行。列车运行指挥系统采用集中控制方式，以调度中心遥控为主、车站本地控制为辅，按阶段计划自动控制列车进路，指挥列车运行。

一般情况下，列车运行采用调度集中自动控制方式，根据需要可转为车站控制方式。集中控制条件下，车站的调车工作由列车调度员统一领导。车站控制时，车站值班员负责办理接发列车作业和调车作业。

秦沈客运专线调度集中实现了对列车的远程集中控制，但是它采用的 D_6 型调度集中设备并不具备分散自律功能，不能实现列车作业控制权和调车作业控制权的分离。实际运行中，客运专线以办理客运业务为主，基本上不存在货物列车的调车作业，因而列车作业和调车作业的冲突很小，运输组织方式相对单一和固定。

3. 在胶济线的应用

胶济线连接济南、青岛两大城市，沿线人口稠密、经济发达，全长 384.2 km，为双线电气化铁路，其中即墨—高密、临淄—淄博为四线电气化铁路。全线旅客列车最高设计行车速度为 200 km/h，货物列车最高设计行车速度为 120 km/h。2006 年 9 月，在 TDCS 基础上建设的 CTC 系统投入使用，同时装备了 GSM-R、无线列调系统等先进设备。

1）应用情况

胶济线沿途共设各类车站 36 个，其中青岛西站为编组站，淄博站、东风站为区段站，青岛站、济南东站、济南站为客运站，其他均为中间站。胶济线纳入 CTC 控制的车站共计 32 个，划分为三个调度区段：青岛—高密（含）区段，管辖 CTC 控制车站 12 个；高密—淄博区段，管辖 CTC 控制车站 14 个；淄博（含）—济南区段，管辖 CTC 控制车站 6 个，姚哥庄站和蔡家庄站为无人站。

胶济线在 CTC 条件下实现了列车作业和调车作业的统一管理。调度中心的列车调度员通过编制列车计划、合理安排股道，实现列车有序、合理运行。列车运行信号按计划自动控制，包括 200 km/h 动车组列车在内。大型编组站及区段站也纳入调度集中控制，车站值班员通过编制调车作业计划，实现调车作业。

在新一代 CTC 条件下，调度中心和车站均具备调车计划编制功能。胶济线在协调列车作业和调车作业方面，提出"大型编组站、区段站对列车到发线调整的功能"，使得大型编组站、区段站的车站值班员能够更加合理、高效地安排到发线的运用。同时，在完成股道运用的修正后，通过自律机最终实现大型编组站、区段站的列车信号自动控制，从而实现调度集中指挥的统一性、完整性。

相应地，对调度中心列车调度员、助理调度员及施工调度员的工作内容进行了全新的界定，赋予调度中心调度员更大、更直接的调度指挥权限，使调度员承担更大的责任。

2）新一代 CTC 条件下的 3 种控制模式

在实际应用中，针对运输组织的复杂性，对新一代 CTC 条件下正常控制模式的操作方式进行了细化，分为中心完全集中操作、中心部分集中操作、车站操作三种方式。

① **中心完全集中操作方式**。调度中心完全控制车站和列车计划调整、到发线运用、信号开放、调车作业计划的编制和执行，车站（这里的车站即无人值守站）所有的行车指挥和调车作业全部由调度中心控制。

② **中心部分集中操作方式**。调度中心负责对列车作业进行控制，制订列车运行和调整计划，安排相关的到发线运用和信号开放；车站负责对调车作业进行控制，制订调车作业计划，办理调车作业（即分散自律方式）。

③ **车站操作方式**。调度中心只负责制订和下达列车计划和调整计划，车站办理列车作业，并负责制订调车作业计划，办理调车作业［这种方式即 DMIS（dispatch management information system，调度指挥管理信息系统）下的操作方式］。

作为繁忙干线，胶济线应用 CTC 系统的成功，充分肯定了 CTC 系统对中国铁路良好的适应性。针对实际路情所提出的三种操作方式，为合理解决 CTC 条件下列车作业和调车作业的冲突提供了很好的借鉴。同时也应看到，在实际应用过程中也存在一些问题，例如，调车进路自动触发时，需要值班员人工输入调车作业计划，经自律机检验后驱动联锁设备执行；当调车钩数多时，由于人工录入时间较长，且现场作业复杂，会导致所排进路可执行性较差。又如，进路自动触发后，如果调车机车不能及时到位，势必影响调车作业的效率。因此，胶济线各车站一般由助理值班员人工办理调车进路，并没有真正实现调车作业的自动化。

任务 3.2 CTC 设备及 CTC 系统功能

3.2.1 拟完成的任务

通过参观列车运行指挥中心，了解 CTC 设备的构成；通过观看分散自律 CTC 视频，了解 CTC 系统的主要功能，并对其进行总结。

3.2.2 任务目的

① 学习 CTC 设备的构成。
② 了解 CTC 的工作原理。
③ 掌握 CTC 系统的主要功能。

3.2.3 所需设备

列车运行指挥中心和相关学习视频。

3.2.4 相关配套知识

知识点 1 CTC 设备

1. CTC 对车站、区间、通信和信号设备的基本要求

① 调度集中对车站实行分散自律控制时，联锁关系仍由车站联锁设备保证。实现各种功能时，应保证既有联锁关系的完整性。
② 调度集中与车站联锁的接口，应按继电联锁和计算机联锁分类，采用统一标准。接口应不影响车站联锁的安全性。

③ 系统所需现场信、联、闭设备信息均应从车站联锁设备以及 TDCS 系统获得。对 TDCS 系统未包含的信息，由调度集中扩充解决。

④ 实施调度集中的必要条件是车站具备集中联锁（继电联锁和计算机联锁）、区间具备自动闭塞或自动站间闭塞。

⑤ 调度集中不改变既有联锁场（含独立车场、独立调车区、无联锁区）间的联锁条件。调度集中在排列相关进路时，也必须受这些条件的约束，相应操作通过调度中心或车站车务终端办理。

⑥ 调度集中应将同一调度区段内、同一联锁控制范围内所有车站（车场、线路所）的信号、联锁、闭塞设备纳入控制范围。单独设立的调车场、编组场，其控制设备原则上不纳入调度集中控制范围。

⑦ 调度集中的控制信息依据不同处理阶段分为计划、指令和命令三个层次。其中，计划是指形成指令队列前处理阶段的信息；指令是指车站自律机存储的进路信息；命令是指车站自律机输出的进路操作信息。

⑧ 一个铁路局集团公司原则上设置一个调度中心子系统，一个调度中心子系统可控制若干个调度区段。邻局系统之间按 TDCS 方式交换信息，包括分属两个调度集中区段的相邻车站、相邻分界口车站。

⑨ 系统应采用冗余技术、可靠性技术和网络安全技术，车站自律机还应采用故障 – 安全技术。

⑩ 系统采用 TDCS 统一时钟标准。

⑪ 系统网络设备 IP 地址按 TDCS 组网技术要求执行。

⑫ 为保证网络与信息安全，系统应采取防火墙、入侵监测、病毒防护、身份认证等安全措施。

⑬ 通信系统是分散自律调度集中正常运用的重要基础，应满足分散自律调度集中对语音、数据通信的功能要求：

a）调度员、司机、车站值班员之间必须具有良好可靠的语音通信；

b）调度命令（含许可证等）、接车进路预告信息、调车作业通知单应可靠传送到机车；

c）无线通信车载设备具备车次号校核、列车停稳、调车请求、信息回执等信息发送功能。

⑭ 调度集中区段的专用调车机车应配套无线调车机车信号和监控装置。

⑮ 为保证调度集中的良好运用，应同步制定调度集中条件下的行车和调车作业管理办法，以及设备维护管理办法。

2. CTC 设备构成

调度集中由调度中心子系统、车站子系统和调度中心与车站及车站之间的网络子系统三部分组成。调度中心子系统与车站子系统通过网络子系统相连，使用 TCP/IP 协议通信。

1）调度中心子系统

调度中心子系统由调度中心机房设备和各调度台应用终端组成。调度中心机房设备主要由数据库服务器、CTC 服务器、通信前置服务器、日志服务器、网络通信设备、电源设备、网管工作站、系统维护工作站组成。调度台应用终端主要由行调工作台、计划工作台、助理调度员工作台、综合维修工作台、值班主任工作台组成，根据需要也可以为其他调度台设置工作台。

① 行调工作台。实现控制管辖区段范围内列车位置、指挥列车运行的功能（人工编制和调整列车运行计划、阶段计划下达、调度命令下达、与相邻区段调度员工作站交换信息）。

② 计划工作台。主要实现列车日（班）计划的编制和下达功能。

③ 助理调度员工作台。主要实现无人值守车站调车作业计划的编制、调整和指挥功能，实现调度中心人工进路操作控制、闭塞办理、非常处理等功能。

④ 综合维修工作台。主要用于设备日常维护、天窗、施工以及故障处理方面的登、销记手续办理，并具有设置临时限速及区间、股道封锁等功能。

⑤ 值班主任工作台。主要实现行车信息显示、签发调度命令、查询到车运行阶段计划和实际列车运行图的功能。

2）车站子系统

车站子系统主要设备包括车站自律机、车务终端、综合维修终端、电务维护终端、网络设备、电源设备、防雷设备、联锁系统接口设备和无线系统接口设备等，其结构如图 3-1 所示。其硬件配置如表 3-1 所示。

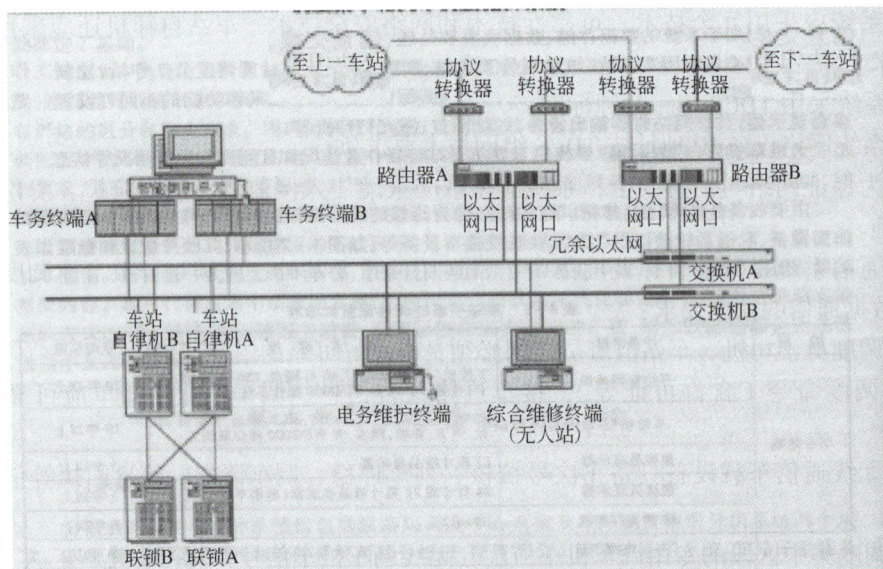

图 3-1　车站子系统结构

表 3-1　车站子系统硬件配置

类别	设备名称	技术标准	使用年限
车务管理	车站值班员机	工控机 1.0 GHz CPU，40 GB 硬盘，256 MB 内存，声卡、音箱、网卡，含 Windows 2000 操作系统	10 年以上
	车站信号员	研华工控机（1.0 GHz CPU，40 GB 硬盘，256 MB 内存，声卡、音箱、网卡，含 Windows 2000 操作系统）	10 年以上
	值班员显示器	17 英寸液晶显示器	5 年以上

续表

类别	设备名称	技术标准	使用年限
车务管理	值班员显示器	24 英寸或 21 英寸液晶显示器（根据车站规模确定）	5 年以上
	A4 激光打印机	HP1012	5 年以上
采集处理单元	车站自律机		10 年以上
	自律机双机热备切换单元		10 年以上
	电源板（POWER）	逻辑电路供电电压：AC 220 V； 逻辑电路工作电流：0.6 A； 输出电压：DC 5，+12，−12 V； 输出电流：5.0，1.0，1.0 A	10 年以上
	开关量采集板（DIB）	逻辑电路供电电压：DC 4.75～5.25 V； 逻辑电路工作电流：0.5 A； 采集电路工作电压：AC 11，28 V； 输入电流：12.8，33.0 mA	10 年以上
电源、网络	UPS 电源	山特 2 kVA	10 年以上
	交换机	Dlink16 口或 Cisco 2924	10 年以上
	路由器	Cisco1721 或 Cisco 2611	10 年以上
	路由器模块		10 年以上

（1）车站自律机

车站自律机是新一代分散自律型调度集中系统的车站核心设备，由其完成进路选排、冲突检测、控制输出等核心功能，其主要功能如下。

① 接收、存储调度中心的列车运行阶段计划、调车作业计划、直接操作指令和车站值班员直接操作指令，并可以自动按计划进行进路排列，经检测无冲突后适时发送给车站联锁系统执行。

② 实时接收、分析车站信号设备状态表示信息，进行列车车次号跟踪，收集列车运行实际数据，并上传至调度中心。

③ 掌握车站联锁系统对进路命令的执行情况，并根据反馈信息对有关进路进行必要的调整。

④ 接收相邻各两站的实际运行图和设备状态信息。

（2）车务终端

车务终端具有以下功能：

① 完成列车、调车及其他特殊进路的办理；

② 显示行车信息、无线车次号校核信息、调度命令；

③ 以图表形式显示本站及相邻各两站的实际运行图、列车运行阶段计划等内容，同时具备相邻各两站站间透明功能；

④ 自动生成本站行车日志，完成调度命令签收。

3）网络子系统

网络子系统是由网络通信设备和传输通道构成的双环自愈网络，应采用迂回、环状等方式提高可靠性。

3. CTC 设备基本工作原理

1）基本概念

新一代 CTC 系统采用了分散自律的理念。

所谓"分散"，指的是设备分散、功能分散、危险分散。新一代 CTC 系统中，不仅调度中心与所辖车站之间能互传信息，而且邻站间也能互传信息。如果车站子系统与调度中心 CTC 服务器通信中断，车站子系统仍能自动进行列车跟踪，并在一定时间内仍可以自动进行列车进路控制。

所谓"自律"，就是车站自律机把不同来源的控制指令进行协调，即调度中心下达的列车运行阶段计划、调度中心下达的人工办理列车进路指令、调度中心下达的人工办理调车进路指令、车站下达的人工办理调车进路指令进行很好的协调，正常情况下没有调度中心与车站控制权的转换，从而圆满地实现系统对联锁设备的控制。

2）调度集中控制模式

调度集中区段对信号设备的控制模式有分散自律控制模式和非常站控模式两种。

① 分散自律控制模式。根据列车运行阶段计划自动控制列车进路，根据调车作业计划自动控制调车进路，并具备人工办理列车、调度进路的功能。

② 非常站控模式。当调度集中设备故障、发生危及行车安全的情况，或者设备需要开天窗维修、施工需要时，脱离 CTC 系统控制，转为传统的车站控制台（计算机联锁终端）人工控制模式。

在分散自律控制模式下，传统的车站控制台除"非常站控"按钮和"接通光带"按钮外，其他按钮的操作均不起作用。在非常站控模式下，调度中心不具备直接控制权，CTC 调度终端和车务终端所有按钮的操作均不起作用。

3）控制模式的转换

在车站，由车站值班员（或应急工作人员）根据调度中心的调度命令进行控制模式切换操作，系统自动对控制模式做出记录。

（1）进入非常站控模式

"非常站控"按钮是带计数器的非自复式铅封按钮。系统正常状态为分散自律控制模式，破封按下"非常站控"按钮后转为非常站控模式。分散自律控制模式转向非常站控模式，不检查任何条件，但向列车调度员进行提示报警，并有明显状态表示。

（2）转回分散自律控制模式

非常站控模式转回分散自律控制模式，系统则检查以下条件：

① 分散自律设备正常；

② 车站自律机收到列车运行调整计划；

③ 非常站控模式下没有正在执行的按钮操作，没有列车、调车进路。

在上述条件满足时，系统应给出"允许转回分散自律控制模式"的提示，允许车站拉出"非常站控"按钮，转回分散自律控制模式；否则操作无效。

提示：调度集中的控制模式有明确表示。在"非常站控"按钮附近的车务终端上设有状态表示灯：红灯为非常站控模式，绿灯为分散自律控制模式，黄灯为允许转回分散自律控制模式。

4）CTC 控制方式的转换

为区别调度集中区段调度员和车站值班员不同的操作权限，根据调度集中两种控制模式，对 CTC 系统的操作方式也做了一些规定。例如，把 CTC 控制方式分为三种操作：中心完全集中操作方式、中心部分集中操作方式及车站操作方式。

操作方式的转换，由调度员与车站值班员根据需要进行操作：

① 从车站操作方式转换到中心完全集中操作方式或中心部分集中操作方式，由调度员进行方式切换申请，车站同意；

② 从中心完全集中操作方式或中心部分集中操作方式转换到车站操作方式时，由车站进行方式切换申请，调度员同意；

③ 中心完全集中操作方式与中心部分集中操作方式之间的转换，由调度员根据需要通知车站值班员后直接切换。这种操作方式解决了繁忙区段在 CTC 控制条件下调车作业频繁、需要交换操作权的问题，为繁忙区段调车作业增加灵活、方便的调整空间。

注意： 分散自律控制下，车站值班员的操作不能解锁调度员办理的进路或关闭信号，调度员的操作也不能解锁车站值班员办理的进路或关闭信号。

知识点 2　CTC 系统功能

CTC 系统涵盖了 TDCS 的所有功能，在此基础上具备调度集中的控制功能和分散自律控制特点。

调度中心系统主要负责编制和调整列车运行计划、列车到发线安排并将计划发送到车站，车站系统将列车运行计划转换成进路控制命令，驱动联锁设备执行。车站自律机完成列车计划、调车计划、集中进路控制、车站进路控制等不同控制来源的冲突检查和协调，解决传统调度集中系统中心控制 / 车站控制频繁切换导致的效率低下问题。

调度集中系统的功能主要包括行车指挥功能（TDCS 功能）、调度集中控制功能和 CTC 配套系统功能，具体表现在以下 15 个方面。

① 在 TDCS 基础上，调度集中具备列车运行计划人工、自动调整，实际运行图自动描绘，行车日志自动生成、储存、打印，调度命令传送，车次号校核等功能。

② 在 TDCS 基础上，调度中心具备向车站、机务段调度、乘务室等部门发布调度命令，以及经调度命令无线传送系统向司机下达调度命令（含许可证、调车作业通知单等）的功能。

③ 依据列车运行调整计划和《技规》《行规》《站细》等规定，以及相关联锁技术条件对列车、调车作业进行分散自律安全控制（含分散自律控制模式下的调度中心、车站人工直接操作）。对违反分散自律安全条件的人工操作，系统能进行安全提示。

④ 对于影响正常运用的故障，如信号故障关闭（或灭灯及灯丝断丝）时，应具有报警、提示、记录等功能。

⑤ 与调度命令无线传送系统配合，具有接车进路信息自动预告功能。

⑥ 进行调车作业时，不需要控制权转换。

⑦ 不影响既有的平面调车区集中联锁功能。

⑧ 具有部分非正常条件下接发列车功能，以及降级处理措施。

⑨ 具有本站及相邻各两个车站的列车运行调整计划显示功能。

⑩ 具有本站及相邻各两个车站的站间透明功能。

⑪ 具有人工办理试排进路功能，为进路指令的执行做好准备。

⑫ 具有自我诊断、运行日志保存、查询和打印等功能，并逐步实现系统维护智能化。

⑬ 对所有的人工操作具有完整记录、查询、回放和打印功能。

⑭ 实时监控电源状态，停电时能自动保存列车、调车作业等重要信息。

⑮ 在保证网络安全的条件下，可与其他系统联网，实现数据资源共享。

任务 3.3　CTC 控制

3.3.1　拟完成的任务

参观实训室，掌握 CTC 系统的两种不同控制模式及其特点，并能够通过计算机操作 CTC 系统完成自动进路排列和人工进路排列。

3.3.2　任务目的

① 了解 CTC 的两种不同控制模式。

② 掌握 CTC 的操作方法。

3.3.3　所需设备

列车运行指挥中心和相关学习视频。

3.3.4　相关配套知识

知识点1 CTC 系统的控制

1. 控制模式

调度集中有分散自律控制模式和非常站控模式两种控制模式。

1）分散自律控制模式

分散自律控制的基本模式是用列车运行调整计划自动控制列车运行进路。在分散自律条件下，调度中心具备人工办理列车进路、调车进路的功能，车站具备人工办理调车进路的功能。分散自律控制模式有以下两种操作方式。

（1）计划控制方式

计划控制方式可由人工激活或禁止。它是指自律机是否将收到的列车运行计划作为检查进路合理性的依据，并根据计划产生控制进路。计划控制方式是 CTC 系统正常的进路控制方式。

（2）人工控制方式

由操作员在操作员台或助理调度员台进行控制，或者由车站值班员在车务终端用操作按钮进行控制。人工办理进路时，车站自律机根据列车计划进行进路办理和列车计划冲突检测，如果有冲突，则系统会弹出对话框告警，询问是否强行办理。

2）非常站控模式

非常站控模式是调度集中设备故障、发生危及行车安全的紧急情况，以及设备天窗修、施工时，脱离系统控制转为车站人工控制的模式。

当分散自律 CTC 系统故障或出现其他紧急情况时，由车站值班员在计算机联锁的操作界面上进入非常站控模式，此时计算机联锁不再执行任何 CTC 控制指令，由车站值班员通过操作按钮进行控制。

注意：调度集中的控制模式应有明确的表示。系统应保证：在分散自律控制模式下，原车站联锁控制台不起作用；在非常站控模式下，分散自律控制模式的控制不起作用。

3）调度集中条件下的列车作业、调车作业均纳入分散自律控制模式

① 列车作业以列车运行调整计划自动指挥、控制为基本方式，以调度中心人工控制为辅助方式。

② 调车作业在行车岗位配有值班人员的车站（以下简称有人车站），由车站人员直接指挥控制，受列车运行调整计划分散自律约束控制；在无人车站，调度中心助理调度员直接指挥控制，有条件时也可由系统自动进行控制。

2. 列车计划和列车进路控制

分散自律 CTC 系统的进路控制，包括列车进路控制和调车进路控制，其中列车进路控制又分为自动按图排列进路和人工排列进路。

1）自动按图排列进路

当系统处于自控状态，即自动按图排列进路状态时，车站自律机能按阶段计划自动排列列车进路。列车在车站的运行计划内容包括：车次号、股道号、车站号、到达时刻、出发时刻、作业时间（最小停站时间）。运行径路包括：始发终止标志、连接关系、列车属性（如是否为电力机车、客货车，是否超限及列车长度等）。

当计划中的接车股道安排不当时，车站自律机能够给出报警，由人工修改。当接发车存在变更进路时，车站自律机选基本进路。当接车进路有延续进路时，车站自律机自动选排延续进路，可人工修改计划中的股道安排。

2）人工排列进路

工作人员直接用鼠标单击"始端"及"终端"按钮（延续按钮）办理进路，车站自律机进行联锁逻辑判断和《站细》检测后输出。单击"取消进路"按钮和"始端"按钮直接取消进路。

3. 调车计划和调车进路控制

将调车计划的制订和调车进路的控制纳入调度集中系统，是分散自律 CTC 系统的特点之一。

1）调车计划的制订

调度中心助理调度员负责编制无人车站的调车作业计划。无人车站的调车作业计划包括：由本务机车或小运转机车担当的甩挂调车作业、由本务机车或小运转机车担当的取送车作业、无客货运业务中间站的甩挂故障车作业和路用车调车作业。

有专用调车机车站的调车计划由车站的站调负责编制，也可由调度中心的助理调度员负责编制，由车站值班员输入分散自律 CTC 系统。

调车计划是以调车作业通知单的形式体现的。无人车站的调车作业通知单能发送到机车上，由司机打印后转交（移动）调车组人员；有人车站的调车作业通知单能发送到车务终端，由车站打印后转交调车组人员。由本务机车执行的调车作业通知单必须附有站场示意图。

人工选择调车进路的方法有两种，一是在人工编写调车作业通知单后，人工生成该次调车作业所需的进路按钮指令序列，下达至该站的车站自律机中，以备触发办理；二是由人工在办理调车进路时，根据调车作业通知单，实时选路并排列进路。

2）调车进路的控制

（1）调车进路和列车计划的冲突检测

与列车计划可能会有冲突的调车进路包括：穿越正线的调车进路、占用到发线的调车进路、不占用到发线但影响接发车的调车进路。

在车站处于分散自律控制状态时，系统检测调车进路与列车计划是否冲突，一旦检测到冲突，会弹出对话框报警，并询问是否继续办理。车站直接办理有冲突的调车进路时，必须输入预计进路占用时分。如果调车进路没有在预计的时间解锁，则报警。

冲突检测的方法有以下两种：

① 根据《站细》规定，列车到达前若干时间内停止与到发线有关的调车作业；

② 系统估算（亦可人工输入）切割正线调车作业的进路占用时间，与经过正线列车的计划相比较。

（2）调车计划的自动调整

本务机车担当的甩挂作业会随本务机车到站时刻的变化而变化。调车进路开始办理的时刻能够随列车计划的变化而自动调整，并以避让进路的形式体现出来。

（3）自动排列调车进路

调车进路可以由车站自律机自动触发，如本务机车担当的甩挂作业第 1 钩进路、调车机车掉头进路等。自动触发的条件是：

① 本次调车作业的作业单已发到机车并收到回执；

② 车站自律机计算出的调车时间已到；

③ 已收到司机向车站自律机发送的无线调车进路排列申请信息。

（4）人工排列调车进路

直接单击"始端"按钮、"终端"按钮办理调车进路，车站自律机进行联锁逻辑判断，按《站细》和列车运行计划要求检测后输出。单击"取消进路"按钮、"始端"按钮直接取消调车进路。

知识点 2 调度员操作

1. 行调台操作

行车调度员在行车调度员工作台（以下简称行调台）上进行行车指挥。

1）系统的启动

① 双击系统图标启动系统，出现启动窗口。

② 登录系统。在启动窗口中选择"系统"→"装载系统"，将会出现"登录"窗口，调度员可以在窗口中输入调度员名称以及登录密码，然后单击"登录"按钮，经过系统验证后登录系统，系统将会读取与本调度台相关的数据，完成一些准备工作，并出现显示这项工作进程的窗口，开始调度工作。

另外，调度员在登录系统之前，可以通过修改当前的调度时钟进行时钟调整，同时调度员可以设置自己的当班时间。

如果初始化工作出现问题，系统会显示提示信息。系统完成初始化工作以后，将显示主界面：左面是阶段计划运行图，右面显示综合信息窗口。

2）基本图窗口

基本图窗口主要完成有关基本运行图的一系列管理功能，主要包括显示、打印设置、打印预览、打印等功能。

3）综合信息窗口

综合信息窗口的主要功能如下。

① 详细显示到发列车的到发站名、车次号、到发时间、股道号、方向和状态。需要打印输出时，可以选择"打印"菜单命令或单击"打印"按钮进行输出。还可以通过"打印预览"菜单命令浏览打印结果。

② 显示运行列车的相关统计信息。包括车次号、基本图车次、实际车次、晚点时间、技术速度（不统计停站时间）、平均速度。

每当列车完成全线运营，其统计数据将被自动显示在此窗口内，供浏览及打印输出。

需要打印输出时，可以选择"打印"菜单命令或单击"打印"按钮进行输出。还可以通过"打印预览"菜单命令浏览打印结果。

③ 当自动控制计划发送到车站自律机后，车站自律机将会对进路进行预排。当发现某些进路不能排时，车站自律机将会发送报警信息。行调台收到报警后将会自动弹出"自动控制实时报警"对话框。报警内容主要包括：接到报警的时间，哪个车站、哪次列车的进站或出站进路不能实现。

④ 列车信息。单击"列车信息"按钮，显示车次号、机车号、司机姓名、助理司机姓名、列车长度、列车重量等信息。双击"显示"项，可以修改或输入列车信息。

在"列车信息"对话框中，可以编辑、添加、删除相应机车的司机、助理司机的姓名。

需要打印输出时，可以选择"打印"菜单命令或单击"打印"按钮进行输出。还可以通过"打印预览"菜单命令浏览打印结果。

⑤ 调度命令。单击"调度命令"按钮，显示调度命令的发送时间、命令号、受令单位、站抄送、调度命令内容、受令人、调度员、复诵人、阅读时间、状态等信息。双击

"显示"项，可以用对话框显示详细信息。

需要打印输出时，将所要打印的调度命令选中，使之显示为蓝色，选择"打印"菜单命令或单击"打印"按钮进行输出，或通过"打印预览"菜单命令浏览打印结果。

⑥ 暂存命令。调度员可以把未来将要发送的调度命令提前拟好，保存起来。所有临时保存的命令均显示在"暂存命令"窗格中。当暂存的命令需要发送时，调度员双击所要发送的命令，即可弹出"发送调度命令"对话框。调度员在该对话框中可以进一步进行调度命令的编辑、设置和发送。

不再使用的暂存命令，调度员可以将其选中后单击"删除"按钮删除。

⑦ 命令查询。当对调度命令进行查询时，查询出的符合条件的调度命令将在"命令查询"窗格中显示。可以通过单击"删除"按钮将查询结果中选定的调度命令删除。

需要打印输出时，可以选择"打印"菜单命令或单击"打印"按钮进行输出。还可以通过"打印预览"菜单命令浏览打印结果。

⑧ 施工计划。车站可以通过车务终端申请施工命令。车站申请的施工信息将显示在行调台的"施工计划"窗口。当调度员选中的施工计划时，系统将弹出"施工计划"对话框，调度员可在该对话框中进行施工计划的修改、命令的下达等操作。

⑨ 运统–1。当本系统与 TMIS 结合时，本窗口显示调度员所查询的列车运统–1 信息。

⑩ 基本图。当本系统与 TMIS 结合时，本窗口显示 TMIS 传送的基本图信息。

⑪ 运调–12。当本系统与 TMIS 结合时，本窗口显示 TMIS 传送的运调–12 信息。

⑫ 施工。当本系统与 TMIS 结合时，本窗口显示 TMIS 传送的当天施工计划的文本信息。

4）"计划调整"窗口

在"计划调整"窗口中，以红线为分界线，左方为实际图，右方为计划图。在 CTC 系统中，"计划调整"窗口中间还有一个白色区域，为自动控制计划区。

"计划调整"窗口提供各种不同类型操作，可完成计划编制和调整、收点、绘图等各种工作。

① 设置自控时间。调度员可以根据实际情况设定自动控制的时间。

在运行图中红色的时间轴下，有一个粉红色三角"△"，调度员可以用鼠标将其拖动到时间轴以右。此时，运行图中将会显示两个粉红色三角。在两个粉红色三角之间的计划将被视为自动控制计划，下达给车站自律机。此时间范围内的计划线，在各个站的到点处将显示一个紫色小方块。

② 查看连接状态。在 CTC 系统中，行调台自动控制计划必须通过车站自律机下达到车站才能实现。所以行调台与车站自律机的通信必须正常，才能保证自控计划的实施。行调台与车站自律机的通信状态在运行图窗口下端的状态栏中显示。状态栏中有两个通信状态：第一个为行调台与 TDCS 的通信状态，第二个为行调台与车站自律机的通信状态。

③ 进路通告。当车站某次列车的进路已经排好后，车站自律机也会将信息及时发送到行调台。当行调台接收到某次列车在某站的接车或发车进路已经办理好的消息后，运行图中该车次在该站的到点或发点处将会显示一个粉红色圆圈。原则上，该点以前的计划到、发点不允许调度员再进行修改。

2. 控制工作站操作

CTC 控制界面是调度集中系统用于控制信号设备的一个子系统。它可以分析按钮信息、形成命令、发送命令及检查命令的执行情况；界面上显示所有的调监信息及部分电务信息。从界面看，它几乎是车站控制台在调度所的映射，它显示站场平面布置图、按钮布置、道岔位置、轨道占用 / 锁闭、信号机的状态、各种指示灯光和部分报警信息等，同时增加了车次显示。操作员可以对其进行操作，控制车站信号设备，也可以通过其监视、查看车站信号设备和列车运行情况。但是因为它要检测命令的执行时机，所以它需要涵盖部分联锁逻辑。同时，它弥补了控制台无法对错误进行报警及不能进行存储控制的不足，方便了与其他系统进行联控，提供了作为其他控制系统的控制环节的接口。

1）界面

提供给用户的界面从功能及外观上可分为四部分：菜单栏 / 工具栏、选站窗、主画面和状态栏，另外还有标题栏和滚动栏。

① 菜单栏 / 工具栏。系统的菜单栏 / 工具栏有以下子项：

a）退出——退出控制台到操作系统下；

b）人工 / 自动控制及存储控制——选择和切换控制方式；

c）刷新界面——实时显示设备状态；

d）"回退"按钮——使本次提交无效；

e）辅助维护——开启或关闭操作员台，取消调车进路功能；

f）创建用户、删除用户和修改用户——添加、删除和修改具有操作权限的用户；

g）信号机名称、道岔名称、轨道名称和按钮名称——显示和消隐各元素名称；

h）铅封按钮、封锁类按钮、闭塞类按钮、区段解锁类按钮——显示和消隐各元素；

i）道岔操纵 / 单锁切换按钮——道岔单操模式、道岔单锁模式切换。

② 选站窗。系统可对所有站进行控制，本窗口用于选择控制站，被选中的站称为当前站，其相应的按钮变灰。界面上的显示只对当前站有效，界面操作也只对当前站有效。当然，也可用水平滚动条以滚动的方式进行选站。每次滚动一个站，状态栏就显示当前站的站名。当某一个车站处于遥控状态时，选择窗上相应的按钮窗右边边框变为绿色。

③ 主画面。主画面是 CTC 控制的主要场所，其上有各种不同类别的表示灯和按钮，有些按钮兼表示灯。站场图形和表示灯及兼作表示灯的按钮的主要用途是显示电务信息和控制信息，按钮用于进行控制操作和输入控制命令。鼠标指针在主画面内呈箭头形状，当鼠标指针移动到按钮位置附近变为手指形状时，表示按钮被选中。当按钮被选中且有效时，按钮开始闪动，直到命令形成且被执行，按钮恢复到静止情况。

④ 状态栏。状态栏位于显示屏的底部，用于显示一些当前状态和有用的信息。左边显示菜单栏 / 工具栏的功能，右边显示当前站的站名、通信状态和控制方式。

2）控制方式

为方便使用，系统提供了三种控制方式：人工控制、存储控制和自动控制。可以根据具体情况选择不同的控制方式，但是在任何时候不同的控制方式只能单独使用，不可混用。

① 人工控制。人工控制（manual ctrl）又称实时控制，就是人工按照实际情况实时地输入命令，由计算机进行适当的时机检查，满足条件后即可执行。在此控制方式下，在一个命令执行完成之前，调度员不能输入下一个命令，也就是系统不可存储命令，这时的系

统可以看成是车站控制台的简单映射。可以使用菜单栏中的"人工控制"命令使系统进入人工控制方式，不过系统要自动关掉或清除其他控制方式下尚未执行的命令。

② 存储控制。存储控制（keep ctrl）方式是在适当的时候将一系列的进路命令预先输入并存储在系统中，然后由系统检查命令的执行时机并执行命令。在此方式下，系统主要是保证在符合要求的条件下尽快高效执行命令，所以存储控制方式主要用于车流次序预先排定并且运行状态良好的情况下。可以使用菜单栏中的"存储控制"命令使系统进入存储控制方式，不过系统要自动关掉或清除其他控制方式下尚未执行的命令。

③ 自动控制。自动控制（auto ctrl）又称计划控制方式，是由计划系统将命令发给控制系统，控制系统将命令进行适当的转换以后检查执行时机，时机成熟时再执行命令。自动控制方式下，只能执行进路命令。可以使用菜单栏中的"自动控制"命令使系统进入自动控制方式，不过系统要自动关掉或清除其他控制方式下尚未执行的命令。

3）控制台显示

① 信号复示器。进站信号复示器平时为灰色，有信息时其含义如下：

a）绿——信号开放；

b）红——信号关闭；

c）白、红——引导信号开放；

出站兼调车信号复示器，其信号含义如下：

a）绿——列车信号开放；

b）白——调车信号开放；

c）红——信号关闭。

调车信号复示器，其信号含义如下：

a）白——调车信号开放；

b）灰——调车信号关闭。

② 进路光带。平时，站场显示蓝色光带。进路锁闭时，显示绿色光带。取消进路或解锁进路后，恢复蓝色光带。

轨道占用时，显示红色光带。车出清后，恢复蓝色光带。

试排时，光带上有道岔开向表示。

③ 区间运行方向。以双向箭头表示，点亮的箭头代表开通方向，具体含义如下：

a）黄箭头——请求闭塞；

b）绿箭头——同意闭塞；

c）红箭头——区间占用。

④ 区间轨道区段。列车占用时，显示红色光带。列车出清后，显示蓝色光带。

⑤ CTC 表示灯。分遥控（调度中心控制）表示灯、特控（车站控制）表示灯两种。

a）遥控（调度中心控制）表示灯：当系统处于遥控模式时，点绿色灯；当系统处于非常站控模式时，点灰色灯。

b）特控（车站控制）表示灯：当系统处于特控模式时，点红色灯；当系统处于遥控模式时，点灰色灯。

⑥ 排列进路灯。平时，点灰色灯。排列进路时，点红色灯。

⑦ 挤岔报警灯。平时，点灰色灯。当车站道岔挤岔后，点红色灯，此时应弹出"报警"对话框，并要求确认。挤岔恢复后，点灰色灯。

⑧ 信号灯断丝报警灯。分咽喉设置。平时点灰色灯。当信号灯断丝时，点红色灯，控制台上弹出相应车站相应咽喉信号灯断丝报警提示窗口，待断丝恢复时，控制台上弹出相应车站相应咽喉信号灯断丝恢复报警窗口。

⑨ 断路器报警灯。平时，点灰色灯。当车站断路器脱扣时，点红色灯。

⑩ 点式设备故障报警灯。平时，点灰色灯。当点式设备故障时，点红色灯。

⑪ 进路延时解锁灯。平时，点灰色灯。当进路进行延时解锁时，点红色灯。

⑫ 试排灯。分咽喉设置。平时，点灰色灯。进入试排后，点红色灯。退出试排后，恢复灰色灯。

⑬ 取消表示灯。分咽喉设置。平时，点灰色灯。进入取消状态后，点红色灯。退出取消状态后，恢复灰色灯。

⑭ 车次窗。分区间车次窗和股道车次窗两种。

a）区间车次窗：区间有车时，跳出车次窗。

b）股道车次窗：股道有车时，跳出车次窗。

⑮ 股道封锁表示灯。平时，点灰色灯。当股道封锁时，点暗红（紫）色灯。

⑯ 区间封锁表示灯。平时，点灰色灯。当区间处于封锁状态时，点红色灯。

⑰ 区间状态表示灯。当区间占用时，区间占用表示灯为红色，区间空闲表示灯为灰色。当区间空闲时，区间空闲表示灯为绿色，区间占用表示灯为灰色。

⑱ 闭塞状态表示灯。当区间计轴闭塞时，自动灯为绿色，人工灯变灰。当区间半自动闭塞时，人工灯为黄色，自动灯变灰。

⑲ 进路按钮兼表示灯。分列车进路按钮和调车按钮两种。

平时，列车进路按钮为深绿色。选中始、终端按钮后，列车进路按钮闪深绿色。命令发到车站自律机并且执行成功后，列车进路按钮为浅绿色。进路办理完毕或取消后，列车进路按钮恢复为深绿色。

平时，调车按钮为灰色。选中始、终端按钮后，调车按钮闪灰色。命令发到车站自律机并且执行成功后，调车按钮为黄色。进路办理完毕或取消后，调车按钮恢复灰色。

⑳ 铅封按钮、封锁类按钮、区段解锁类按钮。平时显示为灰白色圆形。选中后，系统弹出密码框，要求操作员输入密码，密码输入正确后，闪灰白色。命令完成后，按钮点亮成特定颜色，操作完毕后，恢复灰白色。

㉑ 其他按钮。如总取消、总定／总反、道岔操纵按钮等自复式按钮，平时显示为灰白色圆形。选中后闪灰白色。命令完成后，按钮点亮成特定颜色，操作完毕后，恢复灰白色。

4）操作

① 办理进路。

包括办理列车进路、调车进路、通过进路 3 种。

a）办理列车进路操作："始端"按钮 + "终端"按钮 + 确认，如先单击进路"始端"按钮，接着单击进路"终端"按钮，然后再单击"执行"命令按钮，便可办理接发车进路。如果需要办理的接发车进路，系统找不到相应的车次，会弹出对话框，提示人工输入车次，确认后方能办理。如需办理引导接车进路，先将道岔转到相应位置，然后顺序单击"引导"按钮和"执行"命令按钮，即可办理引导接车进路。

b）办理调车进路操作："始端"按钮 + "终端"按钮 + 确认。

c）办理通过进路操作："通过"按钮 + "终端"按钮 + 确认。如果需办理的通过进路，系统找不到相应的车次，将弹出对话框，提示人工输入车次，确认后方能办理。

② 取消进路。

操作："总取消"按钮（"人工解锁"按钮）+进路"始端"按钮+确认。如果用"人工解锁"按钮取消进路，系统将提示输入密码，这时输入一组用户名和密码，验证通过后才能成功执行命令。

③ 办理自动通过。

操作：办理通过或接发车进路，再单击 X/S 自动通过按钮+确认。

取消自动通过进路的操作："取消"按钮+X/S 自动通过按钮+确认。

④ 进入试排状态。

操作：单击"试排"按钮，然后单击"执行"命令按钮，便可进入试排状态，此时办理进路，只转动道岔到相应位置，信号不开放，进路不锁闭。

单击"取消试排"按钮，然后单击"执行"命令按钮便可退出试排状态。

⑤ 延时解锁。

操作："延时解锁"按钮+进路端按钮+确认。

⑥ 单操道岔。

操作：总定（总反）+道岔按钮+确认。

⑦ 故障区段解锁。

操作："总人解"按钮+"区段事故"按钮+确认。若不能解锁遗留的白光带，系统将提示输入密码，这时需要输入两组用户名和密码才可以成功执行命令。

⑧ 闭塞切换。

操作：停用（使用）+确认。如下行咽喉对邻站计轴出现故障，要求使用半自动闭塞，则单击相应咽喉计轴停用按钮——X 停用，然后单击"执行"命令按钮即可转为半自动闭塞，同时邻站相应咽喉也将自动切换到半自动闭塞状态。如下行咽喉对邻站计轴故障恢复，要求恢复使用计轴闭塞，则单击相应咽喉计轴使用按钮——X 使用，然后单击"执行"命令按钮即可转为计轴闭塞，同时邻站相应咽喉也将自动切换到计轴闭塞状态。系统将提示输入密码，这时需要输入一组用户名和密码才可将命令执行成功。

⑨ 通道切换。

操作：通道切换（通道恢复）+确认。如下行咽喉对邻站计轴主通道出现故障，要求切换到备用通道，则单击相应咽喉通道切换按钮——X 通道切换，然后单击"执行"命令按钮即可使用备用通道，同时邻站相应咽喉也将自动切换到备用通道。如下行咽喉对邻站计轴主通道恢复，要求恢复使用主通道，则单击相应咽喉通道恢复按钮——X 通道恢复，然后单击"执行"命令按钮即可使用主通道，同时邻站相应咽喉也将自动切换到主通道。系统将提示输入密码，这时需要输入一组用户名和密码才可将命令执行成功。

⑩ 计轴复零。

操作：复零+确认。如下行咽喉对邻站计轴出现故障不能复零，影响接发车，需要解除故障，则单击相应咽喉计轴复零按钮——X 复零，然后单击"执行"命令即可解除故障，同时邻站相应咽喉也将自动执行计轴复零操作。系统将提示输入密码，这时需要输入一组用户名和密码才可将命令执行成功。

⑪ 办理闭塞。

a）计轴闭塞：通过办理发车进路自动办理闭塞。

　　b）半自动闭塞：请求闭塞——闭塞＋确认，同意闭塞——闭塞＋确认；闭塞复原——复原＋确认；闭塞故障——事故＋确认。

　　⑫ 股道封锁以及取消股道封锁。

　　操作：股道封锁（取消股道封锁）＋确认。如车站Ⅱ道出现故障或者需要维修，不允许往Ⅱ道接车和调车，单击ⅡGFSA，然后单击"执行"命令按钮，即可封锁股道。待Ⅱ道故障恢复，允许接车或调车后，单击ⅡQGFSA，然后单击"执行"命令按钮即可解除股道封锁。

　　⑬ 区间封锁以及取消区间封锁。

　　操作：区间封锁（取消区间封锁）＋确认，如车站下行咽喉出现故障或天窗点检修，不允许往下行咽喉发车，单击XQFSA，然后单击"执行"命令按钮，即可封锁区间。待下行区间恢复或天窗点检修完毕，允许接车后，单击QXQFSA，然后单击"执行"命令按钮即可解除区间封锁。

　　⑭ 道岔单锁以及取消单锁。

　　操作：单锁＋道岔按钮＋确认。如车站 1 号道岔需要清扫，这时选择"道岔操纵／单锁切换"菜单命令，待主站场图上原 X 总定／X 总反按钮位置切换到 X 单锁／取消单锁按钮时，先单击 X 单锁按钮，再单击 1 号道岔按钮，然后单击"执行"命令按钮即可将道岔单锁住。1 号道岔单锁后，本咽喉的其他道岔都将不能被单独操纵，只有通过办理进路或者试排来带动道岔转动。待 1 号道岔清扫完毕后，可先单击 X 取消单锁按钮，再单击 1 号道岔按钮，然后单击"执行"命令按钮才可解除 1 号道岔单锁。再选择"道岔操纵／单锁切换"菜单命令，待站场图上原 X 单锁／X 取消单锁按钮切换成 X 总定／X 总反按钮后，即可进行道岔单操操作。

　　⑮ 停电恢复。

　　操作："停电恢复"按钮＋确认。如车站确实因为停电造成全站所有区段锁闭时，可以单击"停电恢复"按钮，然后单击"执行"命令按钮，可一次解锁整个咽喉的所有区段。然后对另一咽喉执行停电恢复操作，即可一次解除另一咽喉的所有区段。系统将提示输入密码，这时需要输入两组用户名和密码才可将命令执行成功。

　　⑯ 引导总锁闭以及取消引导总锁闭。

　　操作："引导总锁闭"（"取消引导总锁闭"）按钮＋确认。如车站某一接车进路上某一道岔表示不正确或者失去表示，需要按此条进路引导接车时，需要办理引导总锁闭，开放引导信号，这时单击相应咽喉的"引导总锁闭"按钮，然后单击"执行"命令按钮即可办理引导总锁闭。待车接近股道以后，可以单击相应咽喉"取消引导总锁闭"按钮，然后单击"执行"命令按钮即可解除引导总锁闭。系统将提示输入密码，这时需要输入两组用户名和密码才可将命令执行成功。

　　⑰ 非自复引导接车以及取消非自复引导接车。

　　操作：非自复引导＋确认。如 X 进站进路信号机内方第一个区段故障，需要引导接车时，先将接车进路所经道岔转到相应位置，按顺序单击"下行非自复引导"按钮、"执行"命令按钮，即可办理非自复引导接车进路。待列车进入进站信号机内方第二个区段时，系统将自动关闭引导信号。如果车进入内方第二个区段时，引导信号没有自动关闭，可以单击"取消下行非自复引导"按钮，然后单击"执行"命令按钮关闭引导信号。系统将提示输入密码，这时需要输入一组用户名和密码才可将命令执行成功。

知识点 3 非正常作业

1. 非正常接车作业

① 进路锁闭状态下，进站信号机因故不能开放时，系统应能及时报警（语音和文字提示），由调度员人工办理接车进路。

② 由于轨道区段故障导致进路无法建立时，由调度员在判明轨道电路故障条件下，人工开放引导信号。

③ 道岔无表示时，必须现场人工确认并采取相关安全措施，由调度员办理引导总锁闭，开放引导信号；经现场人工确认列车整列到达后，取消引导总锁闭或转为非常站控模式后由车站办理引导接车。

④ 如果进站信号机内方第一个区段故障，由调度员办理引导接车，引导信号应保持开放，列车头部越过故障区段后自动关闭引导信号。

⑤ 区段故障情况下，经调度员和司机确认列车整列到达后，调度员人工实施引导进路解锁。进路正常情况下，系统在列车整列进入股道后，在分散自律控制模式下人工实施引导进路解锁。

2. 非正常发车作业

发车进路因故无法排列时，系统应自动报警，由调度员人工办理非正常发车作业。

3. 非正常解锁

由于轨道电路故障导致进路中的轨道区段不能正常解锁时，各种进路的解锁方式如下。

① 接车进路。调度员和司机确认列车整列到达或通过后，调度员人工解锁遗留接车进路。

② 发车进路。调度员和司机确认列车整列出站后，调度员人工解锁遗留发车进路。

③ 调车进路。原则上，由办理调车进路的人员负责人工解锁该调车进路的遗留进路。

调度中心、车站均应具备在分散自律控制模式下的调车进路人工解锁手段。

轨道电路停电恢复时，在人工确认机车停稳后，由调度员（或车站值班员）按"轨道电路停电恢复"按钮分咽喉一次解锁。

4. 非正常办理

① 当区间为自动站间闭塞且区间故障不能正常复原时，需调度员人工确认区间空闲后，人工办理事故复原操作。

② 当自动站间闭塞区间检查设备为计轴设备，出现轴数不符且计轴设备处于区间占用状态，或者计轴设备检修及停电后复原时，需调度员人工确认区间空闲后，人工办理计轴复零操作。

③ 在自动站间闭塞区段的区间空闲检查设备故障停用时，调度员通过列车运行调整计划以及实际运行图，并与司机无线通信联系，人工确认列车整列到达、区间空闲后，人

工办理闭塞行车。

5. 系统故障降级处理措施

① 当车站自律机与调度中心子系统网络通信中断（以下简称通信中断）后，系统应立即自动报警。

② 对于双线自动闭塞区段无人车站，在通信中断且未转为非常站控模式时，调度员不得改变该站来车方向列车运行调整计划设定的车序，由车站自律机按原已收到的列车运行调整计划和列车实际运行情况继续自动执行；列车运行调整计划执行完毕后，通信仍未恢复正常时，系统应将该站设置为自动通过状态。

③ 对于自动站间闭塞区段无人车站，在自动站间闭塞正常工作情况下，通信中断且未转为非常站控模式时，调度员不得改变该站来车方向列车运行调整计划设定的车序，由车站自律机按原已收到的列车运行调整计划和列车实际运行情况继续自动执行，直到列车运行调整计划执行完毕。

④ 对于有人车站，在通信中断后可参照上述条款执行，也可及时转为非常站控模式组织接发列车。

【项目考核】

1. 理论考核

通过完成以下题目获得理论考核成绩，满分为 60 分。

（1）什么是 CTC ？

（2）分散自律 CTC 与传统 TDCS 有何异同？

（3）CTC 系统由哪几部分构成？

（4）CTC 系统的主要功能有哪些？

（5）CTC 的控制模式有哪几种？其使用条件是什么？

（6）如何人工排列列车进路和调车进路？

2. 素质考核

通过考核以下项目，获得素质考核成绩，满分 40 分。

项目 3 考核成绩表见表 3-2。

表 3-2　项目 3 考核成绩表

	题号	总分	得分	亮点
1.理论考核	（1）	10 分		
	（2）	10 分		
	（3）	10 分		
	（4）	10 分		
	（5）	10 分		
	（6）	10 分		

续表

2.素质考核	考核内容	总分	得分	亮点
	出勤情况	10分		
	课前预习情况	10分		
	课堂表现	10分		
	任务完成情况	10分		

总分：　　　　　　　　　　　　教师签名：

参 考 文 献

［1］中国铁路总公司.铁路技术管理规程：普速铁路部分［M］.北京：中国铁道出版社，2014.

［2］中国铁路总公司.铁路技术管理规程：高速铁路部分［M］.北京：中国铁道出版社，2014.

［3］中国铁路总公司.铁路运输调度规则：普速铁路部分［M］.北京：中国铁道出版社，2017.

［4］中国铁路总公司.铁路运输调度规则：高速铁路部分［M］.北京：中国铁道出版社，2017.

［5］吴艳艳，王小丰.铁路行车组织［M］.成都：西南交通大学出版社，2016.

［6］杨浩.铁路运输组织学［M］.4版.北京：中国铁道出版社，2015.

［7］李慧玲，曾毅.铁路车站工作组织［M］.北京：人民交通出版社，2014.